U0888039

训练局精细化管理体系和运行模式工作手册

国家体育总局训练局　编

北京体育大学出版社

策划编辑：梁　林
责任编辑：李志诚
责任校对：钱春华
版式设计：李　鹤

图书在版编目（CIP）数据

训练局精细化管理体系和运行模式工作手册 / 国家体育总局训练局编. -- 北京 : 北京体育大学出版社, 2020.3

ISBN 978-7-5644-3344-4

Ⅰ. ①训… Ⅱ. ①国… Ⅲ. ①运动训练－管理－中国－手册 Ⅳ. ①G812.5-62

中国版本图书馆CIP数据核字(2020)第035277号

训练局精细化管理体系和运行模式工作手册　**国家体育总局训练局　编**

出版发行：北京体育大学出版社
地　　址：北京市海淀区农大南路1号院2号楼4层办公B-421
邮　　编：100084
网　　址：http：//cbs.bsu.edu.cn
发 行 部：010-62989320
邮 购 部：北京体育大学出版社读者服务部 010-62989432
印　　刷：北京虎彩文化传播有限公司
开　　本：880mm × 1230mm　1/32
成品尺寸：148mm × 210mm
印　　张：10.25
字　　数：295千字
版　　次：2020年3月第1版
印　　次：2020年3月第1次印刷
定　　价：58.00元

本书如有印装质量问题，请与出版社联系调换

版权所有 · 侵权必究

编委会

主　编　罗超毅

副主编　陈国荣　孙晓晔　曲爱慧　周秋瑞

成　员　王陆洋　邓　立　刘　军　关秀丽
孙燕华　吴功玉　吴志平　吴晓华
张　璐　陆　煜　苑一扬　贺　翔
康　恺　舒　萍

工作组负责人　关秀丽　贺　翔

工作组成员　章　静　张心雄　刘筱霞

总目标

以运动员和运动队为中心，
全方位实施精细化优质服务。

1. 以运动员和运动队为中心，精细化地了解和掌握他们的各方面需求。
2. 以保障运动员和运动队的需求为目标，精细化地梳理和分解服务事项。
3. 以服务事项为基本内容，精细化地制定部门职能和职责。
4. 以部门职能职责为基础，精细化地安排科室及工作岗位和人员。
5. 以岗位责任制为抓手，精细化地设计落实工作的流程（程序）。
6. 以工作流程为线条，精细化地构建多人或跨部门协调配合的方式。
7. 以任务完成时间为节点，精细化地制定督促检查的规范化标准。
8. 以督促检查评估为基本依据，精细化地制定奖优罚劣的奖惩办法。

目　录

第一部分

积极探索深化体育改革道路
奋力打造世界一流训练基地

——关于训练局构建精细化管理体系和运行模式的调研报告

党的十九大以来，全面深化改革步伐逐渐加快，深化体育改革更是从体育大国向体育强国迈进的一场重大自我革命。恰逢全党开展“不忘初心、牢记使命”主题教育，按照“守初心、担使命，找差距、抓落实”的总要求，体育总局对训练局的服务保障工作提出了“场馆智能化、训练科学化、服务精细化、保障一体化”的改革方向。训练局将乘改革东风，以正视问题的自觉和刀刃向内的勇气，真刀真枪解决问题，积极构建精细化管理体系和运行模式，推动训练局改革发展。

一、充分认识精细化管理体系建设的重大意义

党的十八届三中全会提出：“全面深化改革的总目标是完善和发展中国特色社会主义制度，推进国家治理体系和治理能力现代化。”这对于中国的政治发展，乃至整个中国的社会主义现代化事业来说，具有重大而深远的理论意义和现实意义。按照“不忘初心、牢记使命”主题教育的总体安排，紧紧围绕“守初心、担使命、找差距、抓落实”的要求，以“守初心、担使命”为思想引导，以“找差距”为重要抓手，以“抓落实”为最终落脚点。结合当前在服务保障工作中面临的难题，训练局对标对表，查找差距，坚持高标准、高质量的服务，细化和规范各项工作程序，破解制约训练局提高服务质量、增强综合功能、高效合理运转的

体制与机制问题，不断提高服务保障能力和水平，积极探索构建精细化管理体系和运行模式，最终形成一套高效务实的训练基地组织管理运行模式。

二、深入调研查找问题

（一）广开言路听意见

2018年下半年以来，训练局领导班子围绕训练局改革与发展的主题，对“改什么、怎么改、改成什么样”进行了深入的研究。训练局领导班子分别与各部门的中层干部就工作情况、面临困难、如何解决困难等方面的问题进行了多次调研式座谈，同时听取了关于如何有效提高训练局服务保障能力及运转机制合理化的建议，形成了训练局比较明确的改革思路。此后训练局领导班子又与体育总局相关司局就训练局改革思路进行反复论证，最终形成了“场馆智能化、训练科学化、服务精细化、保障一体化”的改革方向。训练局改革方案已经上报体育总局待批复。

（二）结合主题教育深入基层

2019年6月，“不忘初心、牢记使命”主题教育全面展开。训练局围绕“守初心、担使命、找差距、抓落实”的总体要求，以学习教育求“深”、调查研究求“真”、检视问题求“准”、整改落实求“实”的态度，结合训练局当前的实际情况与改革要求，确定了以构建精细化管理体系和运行模式为训练局改革的主攻方向，并成立了精细化管理工作领导小组，由罗超毅同志担任组长。

工作组成立后迅速展开调研，深入一线部门找差距、找问题、听建议、听措施。

罗超毅同志为更加深入地了解基层党支部的动态，分别参加了一次训练保障处、两次基建维修处党支部的党日活动，听取了两个党支部对局领导班子提出的意见建议。

（三）逐层检视问题压实责任

（1）各部门按照部门职能和岗位责任，结合实际情况，对部门职能、工作内容和岗位职责进行梳理，并在局务会上，由部门负责人对梳理情况及存在的问题和困难进行汇报。

（2）要求各部门召开处务会，由部门负责人牵头，对各科室工作岗位责任与分工进行梳理，以保障运动员和运动队的需求为目标，查找自身存在的问题，明确要求，查找问题到科室的每一个岗位。

（3）各部门根据岗位责任和查找存在的问题，由科长向主管局领导汇报存在的主要问题和困难，听取主管局领导意见后进行进一步研究。

（4）召开训练局“不忘初心、牢记使命”主题教育检视问题查找差距汇报会。每位科长以 PPT 的形式将本科室管理中存在的差距和问题向训练局科级以上干部进行汇报。

三、围绕中心任务，聚焦重点问题

训练局经过“不忘初心、牢记使命”主题教育检视问题，根据训练局 14 个部门、37 个科室汇报现阶段工作中存在的问题，汇总整理出当前存在的一些主要问题。

（1）对习近平新时代中国特色社会主义思想的学习远远不够系统、扎实，特别是对总书记关于体育工作的重要指示批示和关于体育强国建设艰巨任务的理解不深不透，还没有真正增强“四个意识”，做到“两个维护”，对训练局改革发展的紧迫性认识不足，责任感不强，需要进一步加强学习，下大力气解决这些思想认识和工作态度问题。

（2）训练局上下“守初心、担使命、找差距、抓落实”的责任心和使命感不强，政治站位还需要提高。围绕“三大任务”，在创新服务保障方式和举措上，还需要更加积极主动。领导班子成员中有4位来训练局时间较短，需要尽快增进相互之间的了解和对训练局整体情况的掌握。领导班子和中层、基层干部职工的相互了解也需要加强。

（3）从保备战、促备战、强备战具体业务工作看，训练局目前存在6个方面重点问题：一是综合功能不强；二是科技含量不高；三是运行机制不顺；四是保障手段落后；五是服务方式单一；六是人才严重匮乏。

（4）部分部门还面临以下一些特殊问题。

① 训练保障处由于场馆数量多、面积大，面临科级建制不足、人员短缺问题，同时现有人员知识结构与科学训练保障服务要求差距较大。

② 营养膳食处由于运动队食堂面积不足、功能不全、设施老化，已不能满足训练局驻训运动队的就餐需求。

③ 体能康复中心负责驻局13支国家队的体能训练和康复治疗工作以及训练局职工的医疗服务工作，现有人员数量不足、床位不足、面积不足。

④ 基建维修处现有机构冗余，职责划分粗糙，缺少专业技术人才。

⑤ 事业发展处现有的经营开发模式相较于当前市场形势落后，缺少开拓创新能力，同时在突发情况及大型活动风险防控方面有所欠缺。

⑥ 离退休干部处由于服务对象均为老干部的因素，缺少更加精细，更加有针对性、可操作性的服务方式。

四、下一步主要的整改思路和措施

（一）全面加强党建工作，坚定改革信念

党的十九大以来，全面从严治党深入人心。从中央到地方，不断创新举措，推进全面从严治党向纵深发展。政治建设是党的根本性建设，决定党的建设方向和效果，要坚持把政治建设摆在首位，以政治建设为统领。要牢固树立“四个意识”，坚定“四个自信”，坚决做到“两个维护”，提高政治站位，确保中央决策部署落地生根。要按照学懂、弄通、做实的要求，抓严抓实“不忘初心、牢记使命”主题教育，推动学习贯彻工作往深里走、往实里走、往心里走。用习近平新时代中国特色社会主义思想武装头脑、指导实践、推动工作，以习近平总书记对体育战线全体成员提出的“使命在肩、奋斗有我”嘱托为精神动力，增强训练局

干部职工对改革工作的坚定信念。

（二）以“八个步骤”推进实现“一个总目标”

总目标：以运动员和运动队为中心，全方位实施精细化优质服务。

（1）以运动员和运动队为中心，精细化地了解和掌握他们的各方面需求。

（2）以保障运动员和运动队的需求为目标，精细化地梳理和分解服务事项。

（3）以服务事项为基本内容，精细化地制定部门职能和职责。

（4）以部门职能职责为基础，精细化地安排科室及工作岗位和人员。

（5）以岗位责任制为抓手，精细化地设计落实工作的流程（程序）。

（6）以工作流程为线条，精细化地构建多人或跨部门协调配合的方式。

（7）以任务完成时间为节点，精细化地制定督促检查的规范化标准。

（8）以督促检查评估为基本依据，精细化地制定奖优罚劣的奖惩办法。

（三）认真梳理职能落实主体责任

训练局精细化管理工作领导小组在前期调研的基础上，结合“八个步骤一个总目标”的工作要求，制定了《训练局精细化管理体系建设工作方案》。对精细化管理体系建设工作的具体任务及时间节点进行了明确要求。

首先，召开局务会，精细化管理工作领导小组形成《训练局精细化管理体系和运行模式工作手册》初稿，并进行汇报。

其次，按照《训练局精细化管理体系和运行模式工作手册》，逐步实现精细化服务保障备战模式，进入试运行。同时，将工作手册不断进行修改完善。

2020 年东京奥运会前，按照修订后的《训练局精细化管理体系和运行模式工作手册》内容，以扁平化管理模式，推进精细化管理体系和运行模式实施，达到“服务精细化、保障一体化”的要求。

（四）全面加强制度建设

为进一步贯彻落实体育总局“场馆智能化、训练科学化、服务精细化、保障一体化”的改革要求，训练局将根据《训练局精细化管理体系和运行模式工作手册》，完善现有各项工作制度，构建内容科学、程序严密、配套完备、有效管用的制度体系，坚持用制度管权、按制度办事、靠制度管人。一是组织干部职工认真学习《训练局精细化管理体系和运行模式工作手册》，深入了解制度制定的初衷，理解制度的真实含义，增强学习制度和落实制度的自觉性，强化干部职工的责任意识和廉洁意识，推动依法治局。二是以加强制度建设为契机，掀起人人学制度、人人懂制度、人人按制度办事的良好风气，切实把各项制度作为提升工作标准、规范业务流程的基本遵循，为完成各项工作提供制度保障。三是各部门按照《训练局精细化管理体系和运行模式工作手册》，修订完善部门工作制度，确保内部管理更加规范有序，为训练局改革发展夯实基础。

（五）全面加强人才建设

“治国经邦，人才为急”。人才建设不但是全面深化改革的重要组成部分，更是党的建设制度改革的重要内容，同时也是现阶段制约训练局改革发展的关键性问题。通过训练局的工作梳理、寻找差距、查摆问题发现，人才严重匮乏是当前训练局所面临的重要问题。下一步，训练局将坚持把人才资源作为第一资源，大兴识才、爱才、敬才、用才之风。一是对现有人才进行科学调配，充分发挥作用，同时提供接受教育的机会，在培养过程中制定发展规划，有的放矢，提供灵活多样的教育方式和教育内容，全力支持人才深造。二是对社会化及合同制人员，坚持“不唯我所有，要唯我所用”的原则，与劳务外包企业做好对接，形成合力。三是完善奖勤罚懒的激励政策，鼓励先进，鞭策后进，将年度考核与日常评比相结合，并作为推荐劳模，评选先进集体、先进个人、优秀党员等重要参考。切实做到考核有奖惩、评比有结果，激发干部职工的干事热情、创业激情，积极履职尽责。

（六）全面加强组织领导

按照“不忘初心、牢记使命”主题教育部署，结合体育总局对训练局提出的“场馆智能化、训练科学化、服务精细化、保障一体化”的改革要求，训练局领导班子成员充分发挥模范带头作用，形成齐抓共管合力，认真履行党政领导干部“一岗双责”，对分管部门加强督促指导，坚持领导干部“先学一步、学深一点，先改起来、改实一点”，带头深入基层展开调研，听取基层声音，确立了以构建精细化管理体系和运行模式为训练局改革的主攻方向，并由训练局局长罗超毅同志挂帅，成立了精细化管理工作领导小组，全面负责训练局精细化管理体系和运行模式建设工作。在精细化管理体系建设工作推进过程中坚持“两手抓、两边促”，切实防止“两张皮”。结合“不忘初心、牢记使命”主题教育，将党政领导干部的热情充分发挥出来，转化为攻坚克难、干事创业的实际成果，带头做体育事业改革的急先锋。

“不忘初心、牢记使命”主题教育开展以来，训练局以精细化管理体系建设为重要抓手，坚持“干部说出真意见，整改做出真成效”的思想观念，训练局各部门形成“闻过则喜”的改革风气。通过座谈会、随机走访等“面对面”的方式收集问题，扩大问题检视“覆盖面”，“知不足，然后能自反也”，把诊病治病当作自我完善的契机，将查摆问题、解决问题作为长效机制坚决执行。坚守训练局人的初心与使命，不断探索改革道路，奋力建设一流训练基地，确保备战服务保障工作高效有序开展。

罗超毅
2019 年 8 月 22 日

第二部分

训练局精细化管理体系建设工作方案

一、指导思想和工作目标

以习近平新时代中国特色社会主义思想为指导，推进训练局精细化管理体系建设，形成一整套高效务实的训练基地组织管理运行模式。

二、工作方针和主要任务

围绕贯彻落实习近平总书记关于体育工作的重要论述和指示批示精神，围绕“不忘初心、牢记使命”主题教育，围绕服务保障奥运备战中心工作，对照“场馆智能化、训练科学化、服务精细化、保障一体化”工作要求，对准目标，查找差距，坚持高标准、高质量，细化和规范服务工作、管理工作程序，努力破解制约训练局服务管理精细化、规范化、高效化的管理理念及体制、机制中存在的问题，不断提高训练保障科学化和服务精细化水平，增强科技助力能力，积极探索建立训练局精细化管理体系和良性运行模式。

三、组织领导

在训练局领导班子的统一领导下，成立精细化管理工作领导小组，下设办公室，全面负责训练局精细化管理体系建设工作。

组　长：罗超毅

副组长：陈国荣　孙晓晔　曲爱慧　周秋瑞

组　员：关秀丽　苑一扬　贺　翔　舒　萍　吴志平
　　　　康　恺　刘　军　吴功玉　孙燕华　张　璐
　　　　邓　立　王陆洋　吴晓华　陆　煜

办公室负责人：关秀丽　贺　翔

办公室成员：张心雄　刘筱霞　章　静

四、工作原则

总目标：以运动员和运动队为中心，全方位实施精细化优质服务。

（1）以运动员和运动队为中心，精细化地了解和掌握他们的各方面需求。

（2）以保障运动员和运动队的需求为目标，精细化地梳理和分解服务事项。

（3）以服务事项为基本内容，精细化地制定部门职能和职责。

（4）以部门职能职责为基础，精细化地安排科室及工作岗位和人员。

（5）以岗位责任制为抓手，精细化地设计落实工作的流程（程序）。

（6）以工作流程为线条，精细化地构建多人或跨部门协调配合的方式。

（7）以任务完成时间为节点，精细化地制定督促检查的规范化标准。

（8）以督促检查评估为基本依据，精细化地制定奖优罚劣的奖惩办法。

五、工作安排

（一）第一阶段：梳理、汇报阶段

（1）各部门梳理职能，按照工作原则中的内容形成初步方案。按照训练局下达的各处室职能，结合本部门实际情况，对工作内容、工作职能和岗位职责进行梳理，制定本部门的人员及岗位的设置初步方案，将部门职能细化至每个科，职责落实到每个岗位。在局务会上，部门负责人对其梳理情况结果进行汇报。会后对初步方案进行再梳理，查找与实际需要的差距，补充完善形成本部门精细化管理体系建设方案。

（2）召开处务会，部署科级机构职能梳理工作。各部门负责人亲自带队，对各科室工作职能与分工进行梳理，以保障运动员和运动队的需求为目标，明确要求现任科长将职能梳理细化到所在科室的每一个岗位。

（3）科长汇报本科室职能梳理结果。各部门根据职能梳理情况，由科长向主管局长汇报本科室的职能梳理以及精细化管理具体措施，无科室的部门由处长汇报，听取主管局领导意见后再次进行梳理。

（4）召开处务会，进行内部整体汇报梳理情况总结。

（5）召开全体大会。召开科级以上管理干部、中级以上专业技术干部大会。每个科长需要准备PPT，向训练局干部进行汇报。汇报内容包括各个科室的精细化管理梳理情况。会后，汇总各部门精细化管理体系工作报告，初步形成精细化管理体系工作手册。

（二）第二阶段：推进阶段

（1）完善手册。

（2）做好督促检查，推进日常监督检查体系的研究。

（3）完善激励机制、奖惩办法。在巡视、督促、检查中，研究如何检查、如何评估、如何奖励、如何惩戒。

（三）第三阶段：试运行阶段

逐步实现精细化保障服务备战模式，进入试运行。同时，将精细化管理工作手册进行再修改、再完善。

（四）第四阶段：战时全面全员服务保障阶段

按照精细化管理工作手册内容，实施扁平化管理模式，用训练局新的观念去推进精细化管理体系的实施。

六、精细化管理体系建设的工作重点

各处室根据局里精细化管理的工作原则及运动员、运动队的实际需求和工作中存在的突出问题，提出各自的工作重点和改革的方向。

待各部门工作重点和主攻方向上报后，局里再梳理，以确定训练局工作的重点。

七、工作要求

（1）进一步提高认识，加强领导。积极动员，精心部署，切实提高领导干部、员工的责任感、使命感，围绕备战，满足运动队、运动员的需要开展工作。

（2）各部门一把手要亲自抓，亲自部署、亲自把关，抓好落实。

（3）坚持组织管理体系一体化，各个部门之间统筹推进、协调配合。

第三部分

训练局构建精细化管理体系和运行模式问题与举措汇总

一、训练局办公室问题与举措汇总表

局办公室	问题	1. 各部门报送公文体例格式不规范、文字把关不严
		2. 各部门没有固定的文件管理员
		3. 局内办公网络（OA系统）流程单实用效果不佳
		4. 公文运转效率不高
	举措	1. 牵头做好训练局构建精细化管理体系和运行模式工作
		2. 每两周在局内办公网络（OA系统）发布一次备战动态
		3. 将局内办公网络（OA系统）的部门动态调整至首页
		4. 组织开展公文培训，加强日常把关，确定各部门文件管理员
		5. 对各部门合同台账进行核查
		6. 与重点部门的非涉密科级管理干部签订保密承诺书，并组织参加体育总局组织的保密培训
		7. 协调各部门重新确定所使用的办公网络（OA系统）流程单
		8. 协调各部门将需要核签的收文、请示，由本部门文件管理员核签好后再交到训练局办公室，以提高文件运转效率
		9. 更新荣誉馆展出内容，优化荣誉馆讲解词，细化荣誉馆参观流程

二、训练局党委办公室问题与举措汇总表

<table>
<tr><td rowspan="4">党委办公室</td><td>问题</td><td>服务精细化是训练局改革的重要抓手，也是训练局改革的重要内容，从服务精细化入手，逐步实现场馆智能化、训练科学化。促进工作由被动服务向主动超前服务转变，由忙于日常事务向发挥综合效能转变。党委办公室通过实施精细化管理，将有效促进党委办公室工作科学化、规范化，有利于党委、纪委工作的落实，有利于促进党群工作的开展，有利于提高日常监督工作水平</td></tr>
<tr><td rowspan="3">举措</td><td>1. 进一步完善工作程序和流程，制作发展党员工作流程图、入党积极分子流程图、纪委受理举报案件流程图，提高工作效率和工作水平</td></tr>
<tr><td>2. 配合党委、纪委指导各级党组织认真学习党内法规制度的条文，将党内法规制度列入党委理论中心组学习内容，推动广大党员学习党内法规、执行党内法规制度常态化，增强训练局党员对党内法规制度的敬畏意识。加强日常监督，发挥好贯彻落实法规制度的主体责任，形成一级抓一级、逐级传导压力的示范效应，对执行不力的坚决追究责任，建立训练局党员对党内法规制度执行情况监督检查的常态化机制，形成敬畏法规、遵守法规的良好氛围</td></tr>
<tr><td>3. 进一步完善纪检干部队伍建设，深入研究行之有效的日常监督举措，强化干部素质。加强党委办公室工作人员队伍建设，把加强办公室工作人员的思想教育摆到突出位置，强化理论修养，树立理论联系实际、爱岗敬业、严谨细致、雷厉风行、清正廉洁的良好作风</td></tr>
</table>

三、训练局人事处问题与举措汇总表

<table>
<tr><td rowspan="7">人事处</td><td rowspan="2">问题</td><td>1. 工作流程还有待进一步优化，个别工作流程尚存在不够合理、影响效率等方面的问题，阻碍了服务水平的提高</td></tr>
<tr><td>2. 涉及局内各部门的人事、劳资、队伍建设等方面的工作，需要与各个部门进行密切的交流和沟通。但目前与其他部门的沟通与协调还有待进一步加强</td></tr>
<tr><td rowspan="5">举措</td><td>1. 将人事处各个岗位工作职责与分工逐一进一步细化，做到逐级负责、责任到人、无缝衔接</td></tr>
<tr><td>2. 人事处17个工作模块，删除一般日常行政事务工作模块部分，精细化整合为14个人事专项工作模块。</td></tr>
<tr><td>3. 精细化制作“一大一小”两类工作流程图。“一大”为人事处工作安排流程图；“一小”为工作模块中最典型的工作或办事流程图，合计10个流程图，做到一目了然、简明易懂、线路清晰、便于操作，从而实现工作或办事渠道畅通、便捷高效</td></tr>
<tr><td>4. 在各部门关于信息的通知与传达方面，一律采取局域网OA系统加微信工作群的双轨道形式，以期进一步提高部门间的信息畅通</td></tr>
<tr><td>5. 不定期走访各部门成为人事处工作的一项内容，并逐步形成常态化。及时了解和反馈各部门的需求以及对人事工作的意见和建议，有利于人事处各项工作的开展</td></tr>
</table>

四、训练局财务处问题与举措汇总表

财务处	问题	1.在预算编制环节，存在粗放管理问题，没有深入一线、详细了解部门需求，预算与实际有脱节现象。在预算绩效管理方面，仍停留在简单汇总各业务部门的项目绩效目标，对项目绩效没有进一步细化，没有达到加强财政资金绩效管理、提高资金使用效益的目标
		2.《训练局制度手册》中包含11项财务规章制度，以及《训练局内部控制手册》。随着这几年新的政策变化和实际执行中出现的新情况、新问题，在预算编制流程、维修经费申请程序、往来资金管理、单位支出控制标准等方面，需要查漏补缺，对现有规章制度不断修订和完善
		3. 财务处在认真落实各项管理规定、坚持原则的同时，没有充分考虑基层的实际情况，服务意识不够，没有积极主动地寻找行之有效的方法，以更好地为运动队服务，为科技助力单位各项事业发展服务
		4. 收入管理方面，没有制定对业务部门收入核对的相关规定及细则，可能导致应收未收的风险；合同管理方面，没有与各处室形成有效对接，可能导致合同台账不完整，进而无法做到对合同履行情况进行全面监督；货币资金管理方面，没有形成定期抽查抽盘，日常盘点缺少监盘记录，未形成合理的监督机制规避货币资金的挪用风险
		5. 训练局的改革已进入快车道，长期发展规划方面，仍满足于按部就班搞好日常工作，主动改革意识不强，没有以开放的视野、创新的思路积极谋划和推动财务管理工作。业务方面，2019年政府会计改革工作全面展开，从以收付实现制为基础的预算会计到以权责发生制为基础的政府会计，这一变革对财务人员是一个巨大挑战。面对种种困难，财务处统筹谋划不够，准备不足，工作推进一度遇到了很大困难，经验教训需要好好总结

续表

<table>
<tr><td rowspan="8">财务处</td><td rowspan="2">问题</td><td>6. 每天忙于繁重的财务日常核算，在推动党风廉政建设和反腐败工作方面，没有形成上下贯通、逐级负责、全面落实的完整链条；在政治理论学习方面，存在学习抓得不紧、主动性不高问题，没有真正将“四个意识”落实到财务实际工作中，对执行中央八项规定精神还存在模糊认识，在落实巡视整改、科技助力、优质服务等指示精神方面措施不到位</td></tr>
<tr><td>7. 财务工作政策性很强，财务人员须熟知各项准则及规章制度，在学习培训方面我们还有待进一步加强。今后需要加强学习和培训，提高业务素质和专业技能，有效促进管理水平与服务质量的进一步提高</td></tr>
<tr><td rowspan="6">举措</td><td>1. 将继续根据财政部最新政策变化及上级主管部门要求，并结合训练局实际，针对制度执行中出现的新情况、新问题，适时做好制度的修订、新增工作</td></tr>
<tr><td>2. 将与资金申请部门充分交流和沟通，加强预算申报阶段的审核，力争三年滚动预算编制更准确到位</td></tr>
<tr><td>3. 将认真总结经验教训，创新工作思路，做好预算执行跟踪、分析与反馈，及时研究解决预算执行中的问题，提升保障能力，规范部门预算执行，力争年度预算目标的实现</td></tr>
<tr><td>4. 将立足于财务人员对新政策、新制度、新业务知识、新管理系统的掌握应用，加强相应的学习和培训，以适应财政改革和全面深化体育改革的需要</td></tr>
<tr><td>5. 将坚持问题导向，治已病、防未病，以防为主，防治结合，综合运用内控与外部审计相结合的办法，强化财务监管，及时防范和化解工作中的财务风险</td></tr>
<tr><td>6. 结合政府会计改革统一部署要求，充分利用总局不断推出的各类信息化平台，逐步着手财务核算和执行管理的信息化工作，实现财务制度标准化、会计核算自动化、业务流程规范化、数据分析智能化、资金监控实时化，进一步提高财务整体管理精细化和科学化水平</td></tr>
</table>

五、训练局保卫处问题与举措汇总表

<table>
<tr><td rowspan="7">保卫处</td><td rowspan="4">问题</td><td>1. 安全教育只限于教育培训课或消防运动会的形式</td></tr>
<tr><td>2. 人员配置老龄化，没有形成队伍的梯队建设</td></tr>
<tr><td>3. 业务培训停留在内部学习，没有请进来走出去的教育培训</td></tr>
<tr><td>4. 安防设备（视频监控设备、消防报警设备、消防联动设备等）、交通管理设备技术落后，设备老化严重</td></tr>
<tr><td rowspan="3">举措</td><td>1. 保卫处将进一步完善工作程序和流程，精细化地设计落实工作流程（程序）；制作安全保卫工作流程图，保卫处收入管理流程图，机动车车证、出入证办理流程图，动火证，施工安全责任书流程图，东、西院日常管理流程图，各门岗工作程序流程图，消防中控室流程图。提高工作效率和工作水平，细化地构建多人或跨部门协调配合方式</td></tr>
<tr><td>2. 强化安全意识和“四个能力”培训</td></tr>
<tr><td>3. 加强业务学习和能力提高，切实发挥管理干部在安全保卫工作中的积极性和主动性。进一步督促、加强对保安队伍的教育与培训，提高保安队伍的政治素质和业务素质，增强主人翁意识，树立保卫队伍的整体良好形象</td></tr>
</table>

六、训练局离退休干部处问题与举措汇总表

部门	类别	内容
离退休干部处	问题	1. 离退休人员已经接近460人，所需信息不仅涉及个人的基本情况，还需采集家庭、子女信息，甚至养老机构、个人兴趣爱好等。目前离退休干部处人员信息仅仅依靠Excel表格进行管理和维护，工作量大，并且存在一定的误操作、查看不便、每个人手中信息不一致等情况，给精细化工作的开展带来不便
		2. 活动通知、信息传达是离退休干部处的一项基本工作内容。目前有专门的通知软件，依靠短信的方式进行，但缺少实时互动和反馈
		3. 工作流程没有明朗化，不利于扁平化和首问责任制管理方式的落实
		4. 离退休人员来自训练局各个部门，离退休人员工作需要原部门的支持与帮助。但目前局内各个部门之间的配合力度有待进一步加强
		5. 训练局离退休人员较多，从体育行业退休的人员对体育健身活动有更高的认识和很大的需求，但老干部活动中心场地较小，给文体活动的开展带来不便
		6. 第九党支部现有214名离退休党员和6名在职党员，由于党员人数较多，开展工作难度较大。同时，候鸟养老文化的普及，给党员活动带来不便
	举措	1. 成立训练局离退休干部工作领导小组
		2. 建立离退休干部工作部门联合机制
		3. 思路创新，加强离退休工作调研和自身建设，以信息化、规范化为手段，不断提高精细化、精准化服务水平

续表

离退休干部处	举措	4. 根据离退休干部处部门职责，全面梳理岗位职责和人员调配。根据部门职责制定、修改、完善涉及面广的部门工作制度
		5. 经训练局党委办公室请示体育总局直属机关党委，建议按相关要求设立1个在职党员党支部和多个离退休党员党支部
		6. 由训练局团委召集成立敬老助老志愿者服务团队，团队由团委和离退休干部处共同管理
		7. 以“展示阳光心态、体验美好生活、畅谈发展变化”为主要内容，积极开展便民活动
		8. 针对训练局自管、未实行物业服务社会化的局属家属楼，为切实解决训练局老同志的维修难的实际困难，与基建维修处、行政处共同探讨制定公共维修、有偿入户维修和其他有偿维修原则及标准
		9. 重新进行工作分工、梳理各岗位职责之际，要求全体干部职工主动适应新时代、新任务、新要求，强化政治责任，树牢服务意识。加强对工作人员的培训力度，加强礼仪、传统教育、老年文化、养老产业以及党的理论知识的培训和学习，不断提高责任意识、服务意识和服务水平

七、训练局训练保障处问题与举措汇总表

<table>
<tr><td rowspan="6">训练保障处</td><td rowspan="2">问题</td><td>1. 工作人员整体文化水平和专业技术水平不高，影响场馆智能化、训练保障一体化工作的开展</td></tr>
<tr><td>2. 多个场馆处于设施设备老化状态，有些安全隐患隐藏在建筑物内，日常巡检难以发现</td></tr>
<tr><td rowspan="4">举措</td><td>1. 训练保障处为保障场馆安全运行，落实精细化工作要求，建立场馆巡察制度</td></tr>
<tr><td>2. 制定《训练保障处工作手册》，涵盖场地管理、器材管理、安全管理、财务管理、合同管理、教练管理、水质机房管理等方面，将管理服务精细化到每个科室、每个场馆、每个人</td></tr>
<tr><td>3. 加大对职工的培训力度，逐年引进所需的人才</td></tr>
<tr><td>4. 由专业部门或机构对场馆进行全面“体检”，并统筹考虑维修、改造计划</td></tr>
</table>

八、训练局运动队综合服务处问题与举措汇总表

运动队综合服务处	问题	1. 公寓房间固定分配给各运动队后，实际上是各队队部、各中心或协会内部对房间进行日常的分配与掌控，公寓管理无法做到对房间的灵活调配，造成空置房间资源的浪费
		2. 新的门禁系统不能满足数据统计与查询需求（原有系统功能未保留，一部分新需求也没有得到体现）。目前，门禁系统的功能不够完善，造成一定程度的费用损失。各运动队均有队内人员相互借用门禁卡的现象，尤其是编制内人员和编制外人员相互混用门禁卡，势必造成训练局统计收缴驻训费用的损失
		3. 运动员宿舍存放物品过多，占用公共区域和逃生通道现象普遍，存在较大安全隐患。有的运动队只重视训练，忽视对运动员生活方面的要求和管理，宿舍卫生脏、乱、差，甚至人走不关灯、不锁门、电子设备继续充电，安全意识淡薄
		4. 交通科司机存在纪律松懈现象，工作中缺乏责任心
		5. 目前运动员综合服务处共有16名社会化人员，人员层次参差不齐，对于工作内容的接受掌握各有不同，给工作的开展带来一定的困难
		6. 沟通渠道不畅，运动队保障联席会议制度的作用没有得到很好的发挥
		7. 公寓配备给运动队房间的电器、家具等物品损坏、丢失情况较严重，造成固定资产盘亏

续表

<table>
<tr><td rowspan="7">运动队综合服务处</td><td rowspan="7">举措</td><td>1. 2020年东京奥运会结束后，清理运动员、教练的所有物品，对南、北公寓进行升级改造，试行酒店式管理模式</td></tr>
<tr><td>2. 建议升级门禁卡使用功能，增加人脸识别功能。根据各中心或协会来文中的驻训名单进行人脸信息采集，以杜绝门禁卡混用现象</td></tr>
<tr><td>3. 由运动项目中心、运动队和训练局三方组成工作小组，形成齐抓共管，运动项目中心和运动队要负起运动员、教练的管理教育责任，训练局要负起检查监督责任</td></tr>
<tr><td>4. 开展“优质服务标兵”评比活动，深化服务理念，增强服务技能，改善服务细节，提升服务质量，树立先进典型，营造争先创优的工作氛围，充分调动驾驶员积极性，建立激励机制，促进精细化服务</td></tr>
<tr><td>5. 在管理科和交通科分别建立相应的培训制度和完整的培训流程，同时建立监督检查考核机制。建议年终社会化人员同正式工一起参加优秀员工评选，建立激励机制，奖勤罚懒，以充分调动社会化人员的积极性</td></tr>
<tr><td>6. 建议恢复与运动队沟通协调机制，每半年或一年（或遇有重大事项通报协商）召开会议，要求各队领队、运动项目中心或协会相关负责人、训练局相关局领导、相关服务保障处室领导等人参加，周密制定会议内容，听取相关意见和建议，宣讲训练局的相关制度与规定等</td></tr>
<tr><td>7. 各房间配备的固定资产清单请各运动队签字确认，如有损坏、丢失，按价赔偿</td></tr>
</table>

九、训练局营养膳食处问题与举措汇总表

营养膳食处	问题	1. 人员相对老化，技术力量相对不足
		2. 运动员餐厅社会化服务人员流动性大，年龄整体偏大，整体素质参差不齐，工资待遇也相对较低
	举措	1. 加强人才引进和技术提升，加强对年轻人的技术培养，尤其是要加强对青年厨师的思想教育，以更好地继承老一辈训练局人的优良传统，加强自身技术水平的提高
		2. 采取走出去、请进来，和外省的兄弟单位横向联合进行技术交流，提升菜品口味
		3. 协调适当提高社会化服务人员工资待遇，适量增加人员储备，避免出现就餐人员多而服务人员少的“人荒”现象，这样也就减少了不安全因素的产生
		4. 定期开展职工创新活动，开发新品种，更好地满足运动员的需求，提升员工创新能力，增强员工主观能动性，充分保障运动员在菜品和主食方面的品种多样化、营养合理化
		5. 加强对干部的管理和培养，进一步提高干部的管理能力，加强员工的培训和理论知识学习，增强服务意识和主动性

十、训练局体能康复中心问题与举措汇总表

体能康复中心	问题	1. 康复中心出入口较多，公共区域与多个部门和外租单位相互交叉，人员出入频繁，偶尔会有不相关或不知情人员进入康复中心
		2. 治疗档案不够详细。电子病历系统使用以来，给治疗记录、伤病统计等方面带来了极大便利，但也存在着一些问题，如治疗师录入病历时会有漏填诊断结果的情况出现，对伤病统计造成一定影响
		3. 会诊记录不全，康复科成立以来，与北医三院运动医学科合作，每周北医三院的专家来康复科给运动员会诊，会诊人员较多，疏忽了会诊记录的填写工作
		4. 理疗设备操作规范，每天晚上治疗高峰期间，来治疗的运动员很多，治疗前疏忽了向运动员说明治疗禁忌，设备操作不规范
		5. 科研水平有待提高。近几年发表论文和出版书籍较少，主要学习方向都投入到提高康复技能方面，疏忽了学术研究的重要性。鼓励撰写科研论文，没有硬性规定，原因是论文发表与职称待遇等方面没有直接联系，所以大家的积极性不高，在科研论文上投入精力较少，没有形成良好的学术研究氛围
		6. 硬件设备有待更新：康复科部分设备采购于建设初期，已从2003年使用至今。通过多年的精心维护和及时检修尚可正常使用。康复医学发展到今天，更新的理念和治疗手段层出不穷，可以说在硬件上我们已经没有优势，很多设备只有更新换代来满足治疗需求
		7. 场地面积略显局促：康复科现有两个理疗室、15张治疗床，由于面积的局限，理疗设备摆放过于紧凑。高频电属于电磁辐射治疗，摆放要求是间隔至少2米，距离过近治疗设备会互相干扰影响部分治疗效果。由于面积的限制，摆放设备和治疗床有限，运动员集中治疗时等待时间过长，大运动量训练后身心疲惫，导致不得不暂时放弃治疗

续表

体能康复中心	举措	1. 做好场地现有器材的维修、保养服务和管理。招聘一名场地管理工，专业培训；固定维保经费，寻找优质合作维修厂家
		2. 建立起规范的跟队机制和激励机制
		3. 扩大招聘体能训练师，满足当前许多队伍找训练局借人的需求，为多支重点运动队提供体能训练的科技助力服务
		4. 设置体能检测师，招聘专业人员，解决运动队需要的体能检测服务
		5. 设置场地管理岗位，招聘合格人员，保障场地正常运行不受干扰，分担体能训练师、体能检测师的工作量
		6. 重建内部培训制度和外出学习制度，设置奖惩机制，促进大家加强业务学习，鼓励、支持做出一定学术成果、队伍好评较高的业务工作人员
		7. 建立起国家队体能教练微信工作群，与国内外同行进行沟通、交流、信息公告发布和协助场地管理
		8. 强调康复师治疗前必须详细询问运动员相关情况，说明理疗时的注意事项，避免出现治疗事故；强调理疗设备操作规范，避免各种设备的过度损耗
		9. 指派专人管理，对国内外最新、最权威、最具影响力的康复杂志和文献进行筛选，建立文献数据库，供康复师随时查阅学习
		10. 向经济司申报设备经费，用于添置新设备，更新旧设备
		11. 制作设备器材统计表，对康复科现有设备器材进行全面的统计、存档，对设备损耗情况逐一排查
		12. 制作理疗、康复、水疗设备维修记录表
		13. 与科研机构合作，参与科研课题研究、设备研发测试等项目，在不违背国家机关、体育总局及训练局各项管理规定的前提下，与社会康复机构寻求多方面合作

十一、训练局教育培训处问题与举措汇总表

<table>
<tr><td rowspan="6">教育培训处</td><td rowspan="2">问题</td><td>1. 和运动队还没有建立起固定、密切的联系，以致不能及时掌握队伍的素质教育学习需求</td></tr>
<tr><td>2. 工作内容不好衡量，工作成绩不便于考核</td></tr>
<tr><td rowspan="4">举措</td><td>1. 在全处召开精细化管理和服务的动员会，提高大家对建立精细化管理体系必要性的认识，组织大家学习和研究我处的精细化管理体系</td></tr>
<tr><td>2. 完善制度建设。对现有制度进行审核，凡是和精细化管理体系不相适应的立刻进行修改；制作部门工作表单，形成规范化的督促检查模式</td></tr>
<tr><td>3. 研发备战东京奥运会的微信公众号，通过公众号开展驻局运动员语言方面的学习</td></tr>
<tr><td>4. 在基础教育外聘教师中开展“如何上好一堂课”的教学研讨，通过相互交流和研究，提高教师对运动员文化教育工作的重视，从细节入手，根据运动员实际情况备教材、备教法，为运动员提供优质教学</td></tr>
</table>

十二、训练局基建维修处问题与举措汇总表

<table>
<tr><td rowspan="11">基建维修处</td><td rowspan="7">问题</td><td>1. 主动服务意识不强，部分日常维修工作时效性不够</td></tr>
<tr><td>2. 维修改造工作流程有待优化，部分改造项目的必要性、可行性论证不够充分，致使部分资金未能有效发挥使用效益</td></tr>
<tr><td>3. 建筑资料、工程档案缺失，导致部分施工方案缺乏有效凭证、参考及依据</td></tr>
<tr><td>4. 惯性思维严重，非招标项目的施工单位选用缺乏竞争机制，未能有效发挥政府采购制度优势</td></tr>
<tr><td>5. 培训调研机会较少，干部职工学习能力、学习效率下降严重，专业知识储备不足</td></tr>
<tr><td>6. 专业技术干部队伍建设欠缺长远规划，干部储备不足，部分岗位已出现干部断档现象</td></tr>
<tr><td>7. 对本部门廉政风险宣传教育力度不足</td></tr>
<tr><td rowspan="4">举措</td><td>1. 加强对训练局设备设施的巡检力度。通过主动巡检、定期巡检判断设备设施性能变化，降低突发故障概率</td></tr>
<tr><td>2. 进一步完善社会化工作，特别是日常维修工作的有关管理制度。严格按制度对维修标准和时限进行检查考核，确保每项工作均在制度的约束下运行</td></tr>
<tr><td>3. 进一步完善维修改造工作流程，将方案、预算、经费来源等内容纳入OA系统维修改造申请单审批环节，为项目决策提供充分依据，严格禁止项目“未批先建”“未验先投”</td></tr>
<tr><td>4. 建立维修改造项目工作标准及事后考评制度，通过事后评价总结经验得失，进而改善项目管理和决策水平，提高投资效益</td></tr>
</table>

续表

基建维修处	举措	5. 以单体建筑为单位分专业编制《训练局技术资料手册》，充分发挥资料对工程管理的指导作用，运用工作资料将潜在生产力转化为工程建设的直接生产力
		6. 按照公开、公平、公正的原则，加强对工程招标采购过程监督并完善施工单位的选用、退出机制。充分利用竞争优势，使施工单位的确定在透明环境中进行
		7. 积极争取政策和条件支持，重点围绕专项维修改造项目及社会化管理，有针对性地对全国先进训练基地、设备厂家开展调研，学习管理新模式，掌握专业新技术
		8. 完善人才梯队建设，科学合理地制订长期招聘计划，统筹兼顾地做好人才引进及社会化管理工作。逐步形成年龄结构合理、专业配备完善、人人都有晋升空间的良好工作局面
		9. 设立举报信箱，鼓励群众、职工参与监督，通过传导压力、增强动力的方式，逐步建立廉政监督长效机制

十三、训练局行政处问题与举措汇总表

<table>
<tr><td rowspan="6">行政处</td><td rowspan="5">问题</td><td>1. 采购工作在实际操作上与《训练局物资采购管理办法》有些不相符的地方，造成采购程序不清晰、时效性不强等结果</td></tr>
<tr><td>2. 局产权住宅楼维修维护工作流程没有捋顺，造成局产权住宅楼的维修工作不及时，给住户带来了困扰</td></tr>
<tr><td>3. 各部门待报废资产的保管问题，特别是基建处和场馆处的大型设备在交接给北京产权交易所之前，要避免因保管不善造成资产流失</td></tr>
<tr><td>4. 各部门日常管理中对资产的信息维护需要加强，特别是资产发生变动时，要及时完善更新资产信息，避免因信息完善不及时造成清查时出现盘亏</td></tr>
<tr><td>5. 强制垃圾分类工作要求越来越严格，训练局生活垃圾清运工作压力不断增大。训练局已于2017年制定了《训练局生活垃圾强制分类工作实施方案》，但实施力度还不够，装修、施工废料、包装箱等杂物乱堆乱放的现象仍然存在。另外，餐厨垃圾现在由北京市环卫集团统一清运，工作环节有待进一步简化</td></tr>
<tr><td>举措</td><td>1. 通过修订《训练局物资采购管理办法》《训练局固定资产管理办法》《训练局生活垃圾强制分类工作实施方案》来解决以上工作中出现的具体问题，同时制定《训练局产权住宅楼维修工作办法》来规范训练局产权住宅楼的公共维修工作的流程和维修基金的具体使用</td></tr>
</table>

十四、训练局事业发展处问题与举措汇总表

事业发展处	问题	1. 运动员俱乐部所辖羽毛球馆改造升级后交付国家羽毛球队作为日常训练使用，西院网球馆也承接了国家跳水队的早操保障任务，工作要求提高、难度加大
		2. 业务流程不完善，责任不明确
	举措	1. 进一步明确羽毛球队对场地卫生及训练设施的标准要求。要求无论国家队有无训练，员工固定每日两次对场地进行保洁。如遇国家队训练，训练结束即刻保洁。对照明、地胶、球柱球网等训练保障设施定时巡护，如有损坏，及时联系有关部门维修更换
		2. 设立多功能厅会议专项记录簿，与运动队综合服务处无缝对接，接听电话的员工需在相关记录后署名，做到责任到人，督促部门员工端正工作态度并根据本岗位工作要求养成良好工作习惯，每日到岗必做的第一件事为查看部门通用的工作记录
		3. 各场馆通过在前台、会员休息区、走廊、更衣室等公共区域张贴服务标语、全民健身宣传海报、健身指导知识专栏等形式，普及群众体育健身文化，营造科学的全民健身氛围
		4. 以驻训运动队伍的需求为导向，不断完善赞助品类，助力运动队后勤服务保障
		5. 加强组织建设，完善人才培养。积极鼓励各岗位职工参加业务培训，分步分层次组织实施。精选培训内容，采取灵活形式，结合服务、销售、教练等工种性质，围绕礼仪、服务、营销、体能训练等内容，增强培训的针对性，使其熟练掌握本岗位应知应会、必知必会的内容，提高规范业务行为的水平

续表

事业发展处	举措	6. 建立客户维护体系。第一，建立会员信息档案，做好基础信息统计，加强健身人群、培训人数等数据统计和分析，实现定期的意见反馈，动态调整经营策略和服务方式。第二，采用适时的健身方案，提供私人定制化的健身服务，提高客户体验度。第三，推广科学的理念，开展人性化的健身服务，主动服务于会员，从销售到教练贯穿会员整个锻炼周期
		7. 开展安全隐患排查，建立突发事件应急预案，提高员工的事故防范意识和事故救援与处置能力，确保经营活动安全有序开展

第四部分

训练局精细化管理工作报告

为响应党中央“推进国家治理体系和治理能力现代化”的全面深化改革总目标，训练局积极推进构建精细化管理体系与运行模式工作，旨在提升训练局服务保障能力，增强服务保障功能，促进奥运备战工作再上台阶。下文中训练局 14 个部门的精细化管理工作报告，不仅梳理归纳了各自的工作职责、岗位职责及工作流程等内容，更进一步体现了各部门之间的协同工作能力，即训练局的 14 个部门能够以任意的排列组合方式，在保证日常工作的基础上完成临时性或突发性的专项工作。例如，本次构建精细化管理体系与运行模式工作，由训练局办公室（以下简称局办公室）及人事处牵头组织实施，各部门协同配合，充分展现了训练局各部门之间高效的联动性及协调性。

局办公室精细化管理工作报告

局办公室是训练局的综合办事机构，处于承上启下、联系内外、协调各方的枢纽地位，肩负着服务领导、服务部门、服务职工的职能，应充分发挥其参谋助手、综合协调、督促检查和服务保障的重要作用。局办公室的特殊地位、特别职能、重要作用，决定了局办公室具有很强的导向性、表率性、服务性和示范性。从某种意义上说，局办公室的工作水平、工作效能、工作作风及精神状态，直接影响着训练局的工作运转、职能发挥、工作效率和服务水平，关系到训练局的对外形象。局办公室是训练局的"门面"和"窗口"，因此，局办公室的同志要从训练局的高度充分认识工作的重要性，增强做好局办公室工作的自觉性和主动性，高标准、严要求，始终保持一流的工作状态，发扬一流的工作作风，树立一流的工作形象，创造一流的工作业绩。

一、部门工作职责

（1）负责宣传、贯彻、执行党和国家及上级部门有关体育工作的方针、政策。

（2）负责局领导的服务工作，协助局领导做好各部门综合协调服务工作。

（3）负责起草和汇总训练局综合性规划、计划、规章制度和工作总结；负责训练局各类综合性行政会议会务工作，对会议决定的事项进行督办、检查、协调，及时反馈情况，做好重大事件上报、简报等工作。

（4）负责训练局机要保密、文电处理和文书起草工作。

（5）负责训练局的文书档案、训练局合同台账管理工作。

（6）负责训练局的印章使用与管理工作。

（7）负责训练局信访的接待与协调工作。

（8）负责训练局办公系统管理及网络信息化建设有关工作。

（9）负责训练局的宣传、文化建设工作，包括：荣誉馆的管理与建设、日常接待等工作；训练局音像资料的收集与制作；来训练局参观考察团队的协调工作。

（10）负责训练局的普法教育、局聘律师的协调管理工作。

（11）承办领导交办的其他工作。

二、岗位设置与岗位职责

（一）岗位设置

局办公室设置局办公室主任 1 人、局办公室副主任 1 人、文案主管 1 人、信息主管 1 人、档案主管 1 人、宣传主管 1 人。

（二）岗位职责

1. 局办公室主任岗位职责

（1）负责训练局上传下达、公文运转、文印、档案、参观、来信来访、会议和大型活动等的综合协调工作。

（2）协助训练局领导督查督办有关工作任务的完成情况。

（3）负责本部门的业务和行政管理工作，制订工作计划和各项规章制度并监督执行。

（4）负责本部门职工的管理教育、业务学习，提出使用和奖惩建议。

（5）负责管理本部门经费、设备和物资工作。

（6）完成上级领导交办的其他工作。

2. 局办公室副主任岗位职责

（1）在正职的领导下，协助开展本部门工作，做好分管业务。

（2）完成上级领导交办的其他业务。

3. 文案主管岗位职责

（1）负责训练局领导的服务工作，协助局办公室主任做好各部门综合协调服务工作。

（2）负责训练局各类文件的接收、运转、催办、督办、存档、立卷等管理工作。

（3）负责起草和汇总训练局综合性规划、计划、规章制度和工作总结。

（4）负责训练局局长办公会、局务会、研讨会等会议的纪要、记录、整理和编报工作。

（5）负责训练局各类综合性行政会议会务工作，对会议决定的事项进行督办、检查、协调，及时反馈情况，做好重大事件上报、简报等工作。

（6）负责训练局上报公文的行文格式、文种、内容等审核修改，存档、立卷等工作。

（7）负责训练局印章、法人印章的使用与管理工作。

（8）负责训练局合同台账管理工作。

（9）承办训练局领导交办的其他工作。

4. 信息主管岗位职责

（1）负责训练局领导的服务工作，协助局办公室主任做好各部门综合协调服务工作。

（2）负责训练局办公自动化系统的日常管理、协调和培训工作。

（3）负责训练局网络安全和信息化建设有关工作。

（4）负责训练局音像资料的收集与制作工作。

（5）负责训练局信访的接待与协调工作。

（6）负责训练局的普法教育、局聘律师的协调管理工作。

（7）承办领导交办的其他工作。

5. 档案主管岗位职责

（1）负责训练局领导的服务工作，协助局办公室主任做好各部门综合协调服务工作。

（2）负责训练局的档案管理工作，包括档案的收缴、整理、立卷、登记、查阅和借阅等工作。

（3）负责体育总局文件、训练局文件和训练局领导报刊信件的领取分发工作。

（4）负责训练局的保密工作，包括机要文件的领取、登记、传阅和保管工作，以及保密工作总结与计划的草拟，落实相关的具体工作。

（5）承办领导交办的其他工作。

6. 宣传主管岗位职责

（1）负责训练局领导的服务工作，协助局办公室主任做好各部门综合协调服务工作。

（2）负责训练局的体育宣传、文化建设工作。

（3）负责荣誉馆的管理与建设、日常接待等工作。

（4）负责来训练局参观考察团队的协调工作。

（5）承办领导交办的其他工作。

三、工作标准与工作流程

（一）局办公室工作标准

劳动纪律——不违反，要守规，要自觉；

服务工作——不被动，要热情，要优质；

反映问题——不片面，要真实，要公正；

来信来访——不怠慢，要耐心，要答复；

外事接待——不轻视，要礼貌，要国际；

安全工作——不松懈，要防范，要常抓；

工作日志——不漏记，要习惯，要随记；
接听电话——不粗鲁，要问好，要和气；
业务学习——不敷衍，要用心，要钻研；
专业培训——不缺席，要学懂，要学透；
言行举止——不散漫，要文明，要形象；
办公环境——不脏乱，要整洁，要和谐；
协作单位——不疏远，要尊重，要密切；
急事要事——不拖延，要快办，要特办；
发生问题——不责怪，要查因，要弥补；
分外工作——不推诿，要热心，要帮忙；
同志之间——不猜疑，要宽容，要真诚；
部门之间——不拆台，要协作，要感恩。

（二）局办公室工作流程

1. 印章使用工作流程图

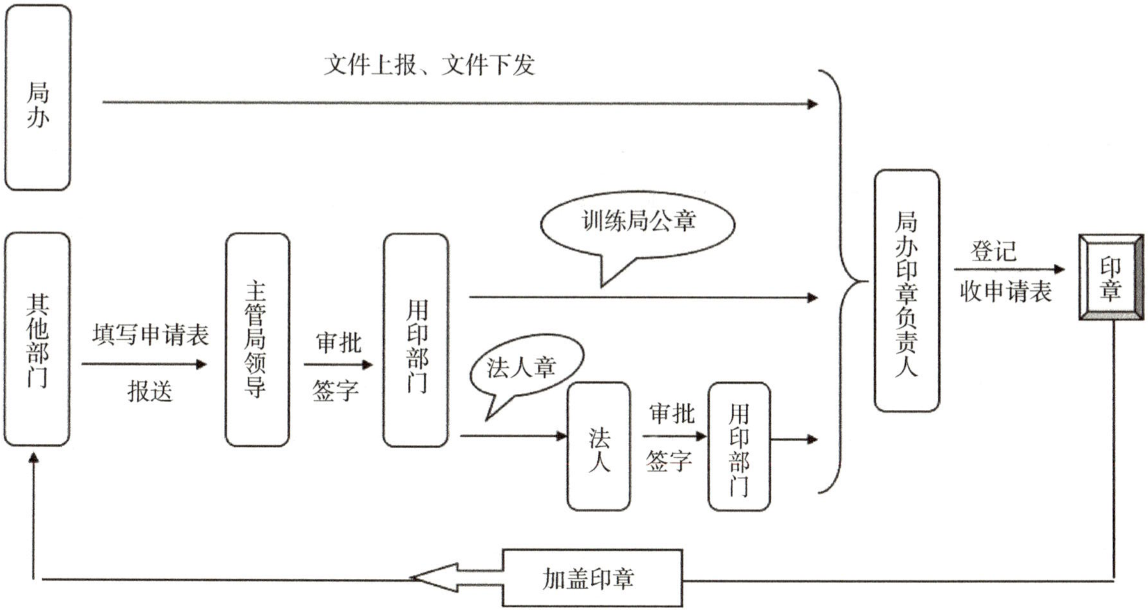

2. 信访接待工作流程图

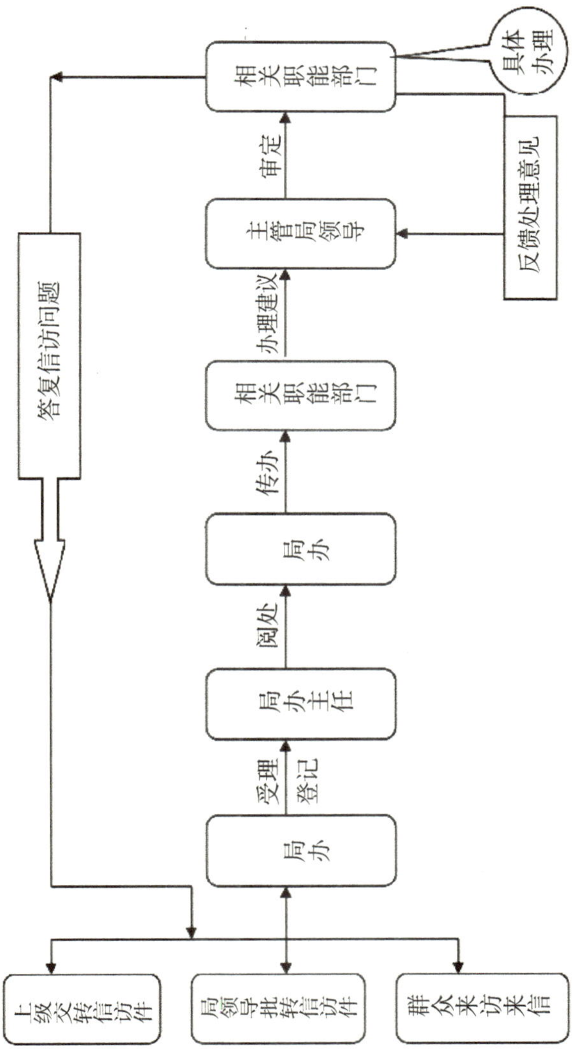
上级交转信访件
局领导批转信访件
群众来访来信
局办
受理
登记
局办主任
阅处
局办
传办
相关职能部门
办理建议
主管局领导
审定
相关职能部门
具体办理
反馈处理意见
答复信访问题

3. 报文运转工作流程图

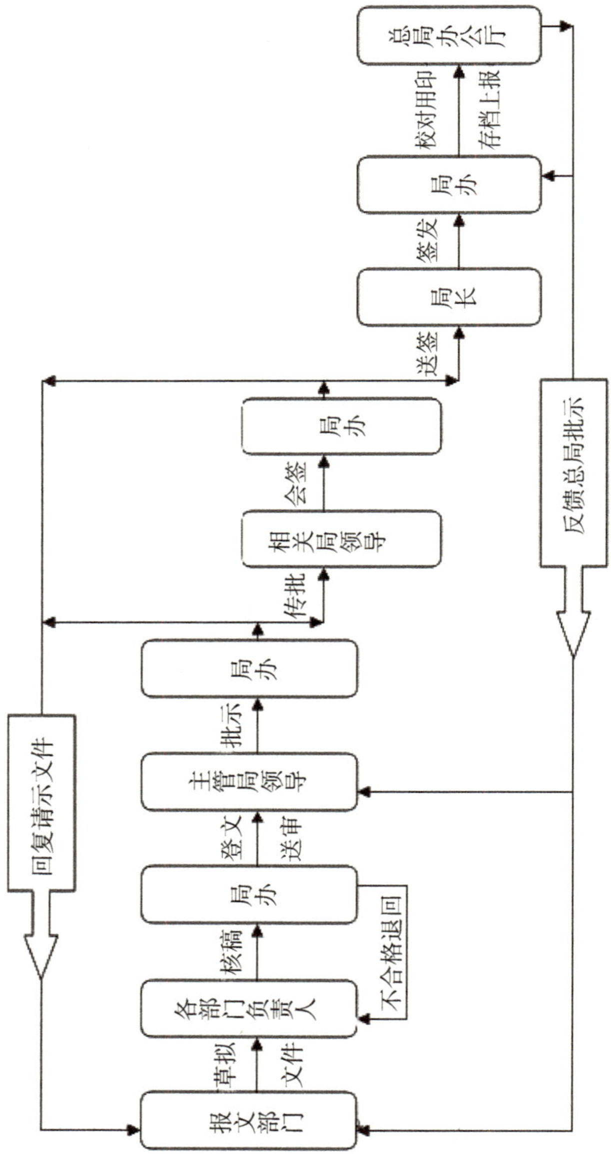

报文部门
草拟
文件
各部门负责人
核稿
局办
不合格退回
登文
送审
主管局领导
批示
局办
传批
相关局领导
会签
局办
送签
局长
签发
局办
校对用印
存档上报
总局办公厅
反馈总局批示
回复请示文件

4. 档案阅读、借阅工作流程图

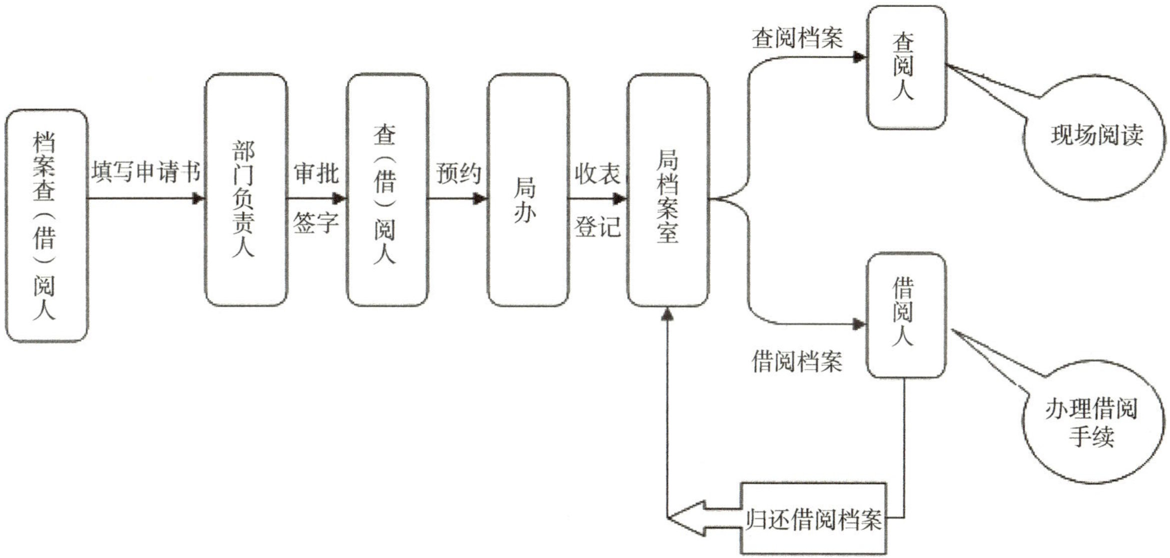

5. 局长办公会工作流程图

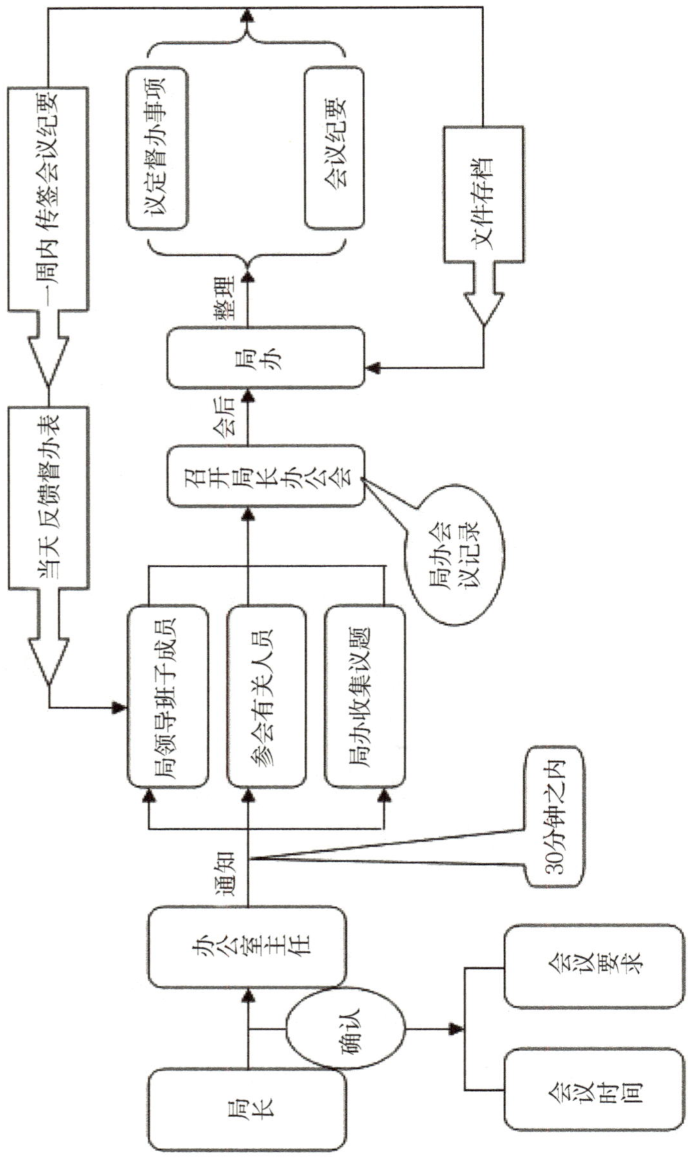

6. 全局大会、局务会、研讨会工作流程图

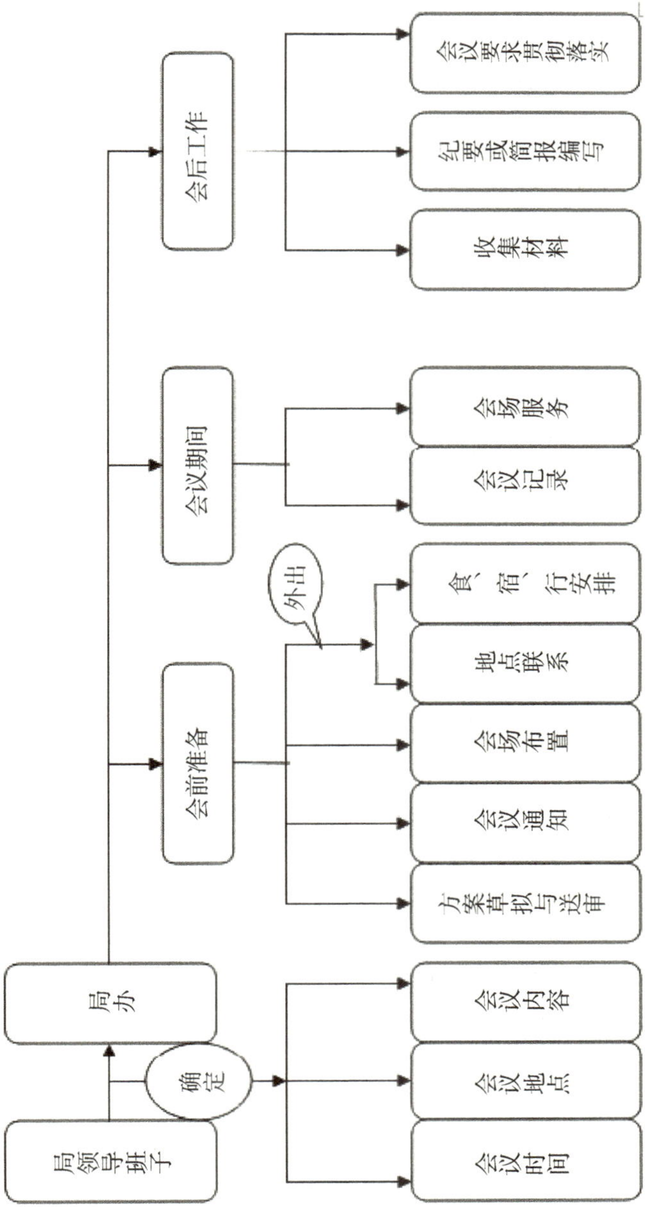

四、当前工作中存在的问题

（1）各部门报送公文体例格式不规范、文字把关不严。

（2）各部门没有固定的文件管理员。

（3）局内办公网络（OA 系统）流程单使用效果不佳。

（4）公文运转效率不高。

五、精细化管理新举措

（1）牵头做好训练局构建精细化管理体系和运行模式工作。

（2）每两周在局内办公网络（OA 系统）发布 1 次备战动态。

（3）将局内办公网络（OA 系统）的部门动态调整至首页。

（4）组织开展公文培训，加强日常把关，确定各部门文件管理员。

（5）对各部门合同台账进行核查。

（6）与重点部门的非涉密科级管理干部签订保密承诺书，并组织参加体育总局组织的保密培训。

（7）协调各部门重新确定所使用的办公网络（OA 系统）流程单。

（8）协调各部门将需要核签的收文、请示，由本部门文件管理员核签好后再交到局办，以提高文件运转效率。

（9）更新荣誉馆展出内容，优化荣誉馆讲解词，细化荣誉馆参观流程。

六、实施精细化管理后的工作目标和预期效果

落实体育总局“场馆智能化、训练科学化、服务精细化、保障一体化”工作要求，不仅是训练局升级改革的必经之路，更是推动全面深化改革向纵深发展，推进训练局治理体系和治理能力现代化的具体体现。局办公室将按照局班子的部署，按照“服务精细化”的8个步骤和1个总目标，做好岗位职责和人员设置工作，不断提升办公室的管理能力和管理水平；以服务局领导为中心，做好训练局各部门特别是一线部门的服务保障工作，确保训练局工作的顺利高效运转。

党委办公室精细化管理工作报告

按照《训练局精细化管理体系建设工作方案》部署要求，党委办公室（纪监审办公室）紧紧围绕贯彻落实习近平总书记关于体育工作重要论述和指示批示精神，按照“不忘初心、牢记使命”主题教育的总要求，对照“场馆智能化、训练科学化、服务精细化、保障一体化”工作要求，查找差距、狠抓落实，对标对表细化规范党委办公室工作职责和流程，建立健全工作制度，坚持高标准、高质量，细化和规范服务工作、管理工作程序，进一步完善工作机制，提高党委办公室精细化工作水平。

一、部门工作职责

党委办公室（纪监审办公室）是训练局党委、纪委的办事机构及负责局工会、共青团、妇女、审计工作的职能部门。

（1）负责组织贯彻落实党的路线方针政策，以及上级党组织、训练局党委部署的各项工作。

（2）负责起草训练局党委、纪委，工会、共青团等群团组织相关规章制度，并监督、检查各项规章制度的落实。

（3）负责落实党的政策理论宣传，负责落实党员教育、监督和管理，落实党员发展计划。

（4）负责党的纪律执行、党内监督，落实党风廉政建设等工作。

（5）负责组织落实训练局政治思想稳定工作。

（6）负责开展并指导下级工会、共青团等群团组织工作。

（7）负责协调开展统一战线工作。

（8）负责训练局扶贫、捐款，牵头在岗困难党员、职工的走访慰问等工作。

（9）负责招投标、物资采购等业务的监督、审计工作。

（10）承办领导交办的其他工作。

二、岗位设置和岗位原则

党委办公室（纪监审办公室）对各岗位职责进行细化，量化精细化管理目标。健全岗位设置，细化工作任务，构建权责明晰、分工明确的工作机制。具体岗位设置：党委办公室主任1人，党委办公室副主任1人，工会专职副主席1人，党务主管1人，纪检主管1人，工会主管1人，审计主管1人。具体分工如下。

（一）党委办公室（纪监审办公室）主任岗位职责

（1）贯彻落实局党委各项工作部署和决议，组织本部门协助党委做好党支部党建工作，及指导工会、共青团开展各项工作。

（2）组织本部门协助纪委做好党风廉政建设方面的工作。

（3）负责本部门行政管理工作，制订工作计划和相关规章制度。

（4）负责本部门职工教育、管理和监督。

（5）管理本部门经费、设备和物资。

（6）完成上级领导交办的其他工作。

（二）党委办公室（纪监审办公室）副主任岗位职责

（1）在正职的领导下，协助开展本部门工作，做好分管工作。

（2）完成上级领导交办的其他工作。

（三）工会专职副主席岗位职责

（1）在正职的领导下，协助开展本部门工作，分管工会具体工作。

（2）完成上级领导交办的其他工作。

（四）党务主管

党务主管负责贯彻落实党中央、体育总局党组关于党建工作的各项决策部署和训练局日常党务工作，主要包括以下方面。

（1）起草训练局党委各项规章制度、各类专题教育工作方案、党委年度工作计划和总结。

（2）起草向上级党组织汇报的各种专题材料及党建述职报告。

（3）组织落实领导班子民主生活和训练局党员述职评议考核。

（4）指导、督促、检查基层党支部党建工作和支部工作条例等相关规定执行情况。

（5）指导共青团开展工作。

（6）制订党员发展和培训计划。

（7）落实党员的日常管理和教育工作。

（8）收缴党费等工作。

（9）领导交办的其他工作。

（五）纪检主管

纪检主管负责党的纪律执行、党内监督、党风廉政建设等工作，主要包括以下方面。

（1）制定纪委工作制度、纪委工作计划和纪检工作述职报告。

（2）起草训练局党风廉政建设责任制、从严治党工作方案和与党风廉政建设相关的各类汇报材料。

（3）组织落实纪委对党员进行党纪党规和廉政教育。

（4）组织落实巡视工作及有关专项整改方案。

（5）按照党章赋予的权利依法依规对党的组织和领导干部履职尽责、行使权力进行监督。

（6）受理处置党员群众检举举报。

（7）受理党员的控告和申诉。

（8）领导交办的其他工作。

（六）工会主管

工会主管负责贯彻落实体育总局直属机关工会和训练局工会的各项工作部署以及党务宣传、统一战线、走访慰问等工作，主要包括以下方面。

（1）筹划、组织和落实工会各项活动。

（2）负责局工会的换届工作。

（3）管理工会资产。

（4）维护和保障职工合法权益。

（5）落实训练局扶贫工作。

（6）设计制作宣传栏，拍摄、整理和保存宣传图片。

（7）管理摄像器材。

（8）领导交办的其他工作。

（七）审计主管

审计主管负责训练局基建工程招投标、物资采购等重大经济工作的审计工作，主要包括以下方面。

（1）制定训练局审计工作相关制度规定。

（2）配合并组织协调落实训练局各项审计和内控工作。

（3）上报审计报告和制定整改方案。

（4）基建工程招投标、物资采购等业务的监督工作。

（5）管理党委办公室固定资产。

（6）编制党委办公室预算。

（7）领导交办的其他工作。

三、工作标准和工作流程

党委办公室是党委的综合职能部门，是上传下达、联系群众、协调内外的枢纽，其以“精、准、细、严”精细化举措，围绕党委中心工作，精心做事、精细管理；发挥自身作用，加强沟通协调，坚决落实党中央的决策部署，贯彻落实体育总局党组各项指示精神；严格履行工作程序抓落实、抓督导，严格按照党委办公室工作制度、工作标准和工作流程办事。党委办公室工作制度有《训练局党委工作制度》《训练局纪委工作制度》《训练局工会工作制度》《训练局党风廉政建设责任制》《训练局编外聘用人员加入工会组织的管理办法》《训练局精神文明建设工作制度》《训练局党委关于严禁收受与行使职权有关联单位和个人以任何名目发放或赠送的现金、支付凭证或有价证券的规定》《训练局走访慰问职工及困难补助实施细则》《训练局党费收缴、使用和管理细则》《训练局摄影摄像工作管理制度》。

四、当前工作中存在的能够通过精细化管理解决的问题与困难

服务精细化是训练局改革的重要抓手，也是训练局改革的重要内容。训练局应从服务精细化入手，逐步实现场馆智能化、训练科学化。训练局要积极发挥党建政治引领作用，促进党建工作与业务工作深度融合，努力实现以“抓党建保备战、促备战、强备战”工作目标，提高工作效率，发挥综合治理效能。党委办公室通过实施精细化管理，将有效促进党委办公室工作科学化、规范化、制度化水平，有利于党委、纪委工作的落实，有利于促进党群工作的开展，有利于提高日常监督工作水平。

五、精细化管理新举措

按照训练局“服务精细化”的工作要求，党委办公室围绕完

善工作程序和规范工作流程、有效推进党内法规贯彻执行、加强党委办公室干部队伍建设 3 个方面实施精细化管理。

（一）完善工作程序和规范工作流程

党委办公室进一步完善工作程序和流程，制作发展党员工作流程图、入党积极分子流程图、纪委受理举报案件流程图，提高工作效率和工作水平。

（二）有效推进党内法规贯彻执行

党委办公室协助局党委、纪委指导各级党组织认真学习党章党规，将党内法规制度列入党委理论中心组学习内容，推动广大党员学习党内法规制度化、常态化，做到内化于心、外化于行。加强日常监督，落实监督责任，形成一级抓一级、逐级传导压力的示范效应，强化制度的执行，建立对全局党员执行党内法规制度监督检查的长效机制，形成敬畏法规、遵守法规的良好氛围。

（三）加强党委办公室干部队伍建设

党委办公室加强思想政治教育，强化理论武装，提高政治能力，提高政治站位；加强业务培训，提高工作能力和履职本领，努力具备深入分析和准确把握训练局党建特点和规律的能力，打造爱岗敬业、履职尽责、勇于担当、清正廉洁、作风优良的干部队伍。

六、实施精细化管理后的工作目标和预期效果

（1）建立健全工作制度，坚持高标准、高质量，细化和规范

工作程序。

（2）构建权责明晰、分工明确的工作机制。

（3）强化制度的执行，建立对全局党员执行党内法规制度监督检查的长效机制。

（4）加强干部队伍建设，把党务干部培养成为政治上的明白人、党建工作的内行人、干部职工的贴心人。

人事处精细化管理工作报告

一、部门工作职责

人事处是负责训练局人事、劳资、编制和干部职工队伍建设管理工作的职能部门。

（1）负责宣传、贯彻、执行党和国家及上级部门关于人事人才、劳资的相关政策、法规。

（2）负责制定训练局人事人才、机构编制和干部队伍建设等相关规章制度并监督、检查各项规章制度的落实与执行情况。

（3）负责训练局工资管理；奖金、津补贴的实施办法的制定及核算工作；福利补助和优抚工作。

（4）负责人员教育培训、专业技术人员职称评审工作。

（5）负责干部管理监督工作以及有关人事、劳动工资方面的来信、来访工作等事宜。

（6）负责因私出国（境）报批、因公出国（境）政审工作。

（7）负责事业单位法人年审、统一社会信用代码证书管理工作。

（8）负责编制外聘人员的管理和服务社会化管理工作。

（9）负责训练局人事档案的管理和相关统计工作。

（10）负责本部门合同台账、固定资产日常管理工作。

（11）承办领导交办的其他工作。

二、岗位设置与岗位职责

（一）岗位设置

人事处细化各岗位职责，健全各岗位职责体系，具体岗位设置包括人事处处长1人、副处长1人、劳资主管1人、招聘主管1人、综合主管1人、社保主管1人。

（二）岗位职责

1. 人事处处长岗位职责

（1）负责人事处全面工作，主要负责对外协调工作。

（2）负责局内机构设置、人员编制、用人规划、人才资源配置、聘用管理、考核、奖惩等工作。

（3）负责干部的培养、考察、选拔等工作。

（4）负责本部门的业务和行政管理工作，制定本部门工作计划和规章制度。

（5）负责管理本部门经费、设备和物资。

（6）负责本部门职工的管理教育、业务学习，提出使用和奖惩建议。

（7）完成上级领导交办的其他工作。

2. 人事处副处长岗位职责

（1）在正职领导下，协助开展本部门工作，做好分管业务。

（2）负责考勤统计、考勤机管理。

（3）负责职工各类假期的审批、备案工作。

（4）负责人事档案、文书档案等的管理工作。

（5）负责训练局人员年度考核、表彰奖励相关工作。

（6）负责人事信息系统更新。

（7）完成上级领导交办的其他业务。

3. 劳资主管岗位职责

（1）负责每年训练局全局工资总额计划与管理。

（2）负责劳动工资、津补贴、奖金的审批、核发与管理并制定相关的实施办法。

（3）负责职工工资定级与工资调整。

（4）负责职工死亡后的丧葬费、抚恤金和生活困难补助的核发工作。

（5）负责办理有关人事、劳动工资方面的来信来访等事宜。

（6）完成领导临时交办的其他工作。

4. 招聘主管岗位职责

（1）负责训练局全局春季、秋季的公开招聘及聘用合同签订工作。

（2）负责统计人员编制，随时统计更新职工名册。

（3）负责出具人事外调材料、劳资等的证明函。

（4）负责中层以上干部有关事项报告工作。

（5）负责出国人员和公开招聘人员的政审工作。

（6）完成领导临时交办的其他工作。

5. 综合主管岗位职责

（1）承办训练局培训组织、管理工作。

（2）负责人事处印鉴的管理工作；组织机构代码证管理。

（3）负责训练局全局工资、统计人才报表、收入申报等相关工作。

（4）负责专业技术职称评聘、晋升技术等级考核鉴定的管理工作。

（5）负责出具人事外调材料、劳资等的证明函。

（6）完成领导临时交办的其他工作。

6. 社保主管岗位职责

（1）负责训练局全局编外聘用人员的员工关系、离入职审批、合同管理工作。

（2）负责训练局全局干部职工的社会保险业务，工伤评残、劳动能力鉴定及其他社保、法律相关管理工作。

（3）负责办理干部职工的退休审批手续。

（4）负责训练局全局社会化工作的审核、管理等。

（5）负责内勤工作。

（6）完成领导临时交办的其他工作。

三、工作标准与工作流程

人事处负责训练局人事、劳资、编制和干部职工队伍建设管理等方面的工作。为了进一步提高服务水平、保障服务质量，做到精细化服务、科学化管理，人事处严格按照人事处工作制度和相关规定的标准办事，并且根据每一项工作内容制定了清晰明确的工作流程。人事处主要工作内容包括编内人员管理、离退休人员管理、编外聘用人员管理、外借人员管理、社会化管理、保险业务、出国（境）管理、干部管理、教育培训、职业资格、年度考核、考勤管理、档案管理和其他工作。

（一）工作内容

人事处负责训练局人事、劳资、编制和干部职工队伍建设管理等方面的工作，并且将所负责的工作分成了 14 个工作模块。具体工作内容如下图所示。

人事处

人事处	
编内人员管理	包括制订招聘计划、招聘、工资待遇、年终奖金、统计、离职等工作
离退休干部管理	包括退休人员通知、下发通知、发放退休证、离退休工资、医疗补助、补助发放等工作
编外聘用人员管理	包括入职手续、离职手续、工资核发、合同管理、休假管理等工作
外借人员管理	包括外借人员的审批、回函答复、协议签署等工作
社会化管理	涉及社会化服务项目相关工作
保险业务	包括养老保险、失业保险、医疗保险、工伤保险、生育保险、补充医疗保险等工作
出国（境）	包括因私出国（境）、因公出国（境）等工作
干部管理	包括干部监督管理、干部选拔任用解聘、专技人员聘任等工作
教育培训	包括组织人员参加总局培训、组织开展全局干部培训、督导跟进局各部门培训、核定各部门培训计划和培训的统计总结等工作
职业资格	涉及专业技术职称考评相关工作
年度考核	涉及组织实施年度考核的相关工作
考勤管理	包括请休假审核、考勤机管理、考勤统计和全年情况汇总等工作
档案管理	包括工作档案管理、个人档案管理、干部人事档案专项检查、数据库修改等工作
其他工作	包括信访、法人证书管理、招标、全员聘任等工作

（二）具体各项工作流程

1. 因私出国（境）流程图

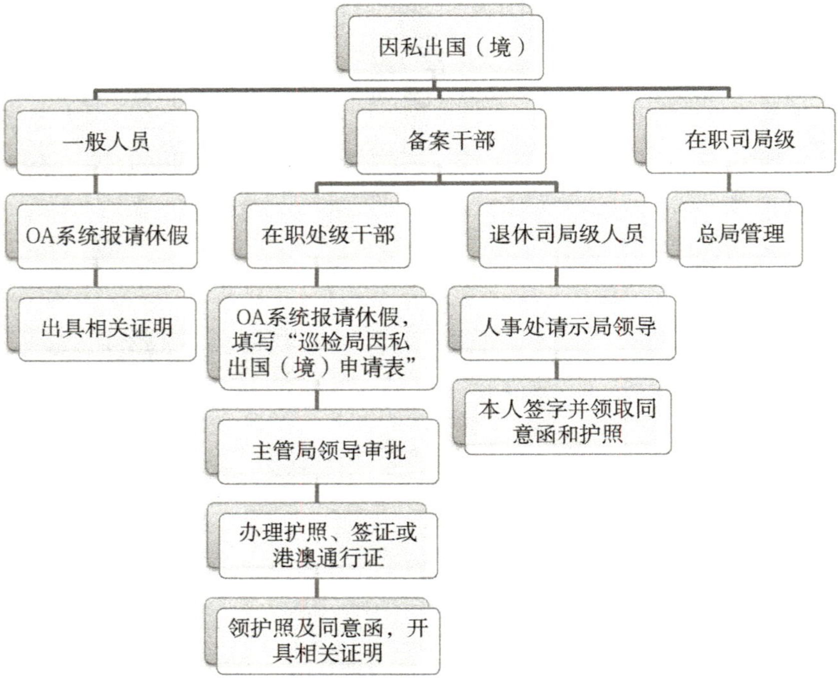

2. 因公出国（境）流程图

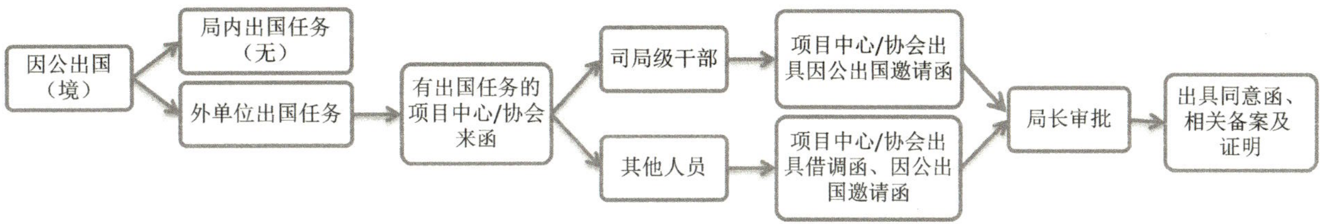
因公出国（境）
局内出国任务（无）
外单位出国任务
有出国任务的项目中心/协会来函
司局级干部
其他人员
项目中心/协会出具因公出国邀请函
项目中心/协会出具借调函、因公出国邀请函
局长审批
出具同意函、相关备案及证明

3. 招聘工作流程图

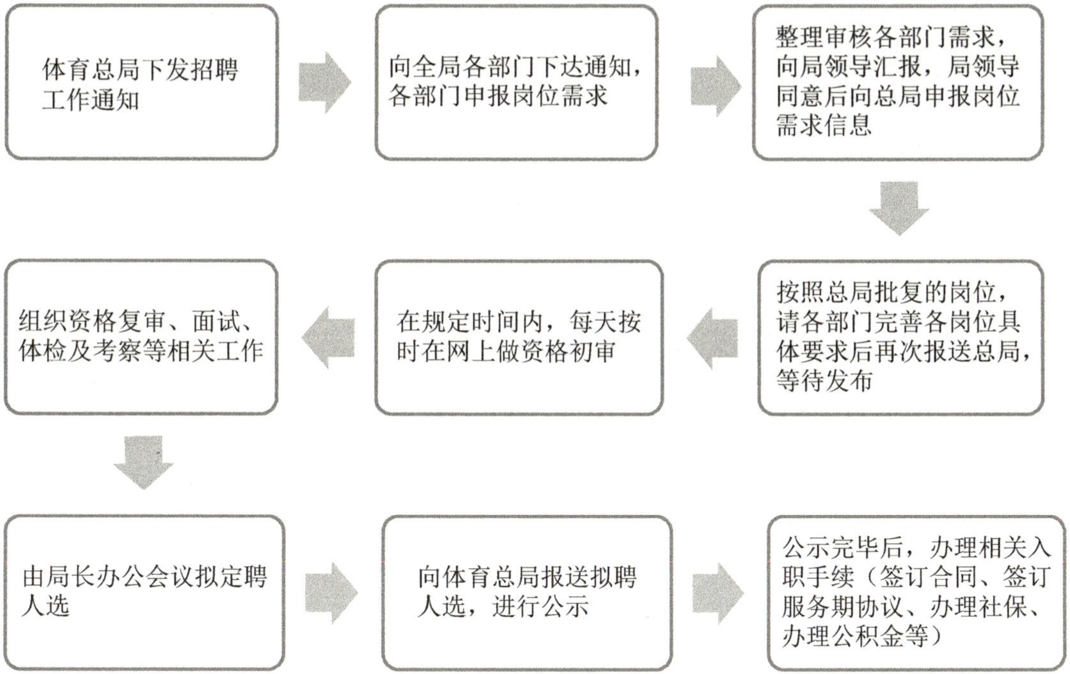
体育总局下发招聘工作通知
向全局各部门下达通知，各部门申报岗位需求
整理审核各部门需求，向局领导汇报，局领导同意后向总局申报岗位需求信息
按照总局批复的岗位，请各部门完善各岗位具体要求后再次报送总局，等待发布
在规定时间内，每天按时在网上做资格初审
组织资格复审、面试、体检及考察等相关工作
由局长办公会议拟定聘人选
向体育总局报送拟聘人选，进行公示
公示完毕后，办理相关入职手续（签订合同、签订服务期协议、办理社保、办理公积金等）

4. B类编外聘用人员入职办理流程图

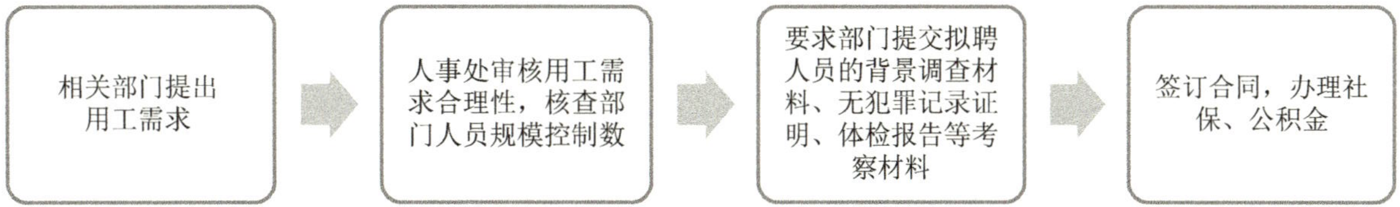

5. 工伤保险办理流程图

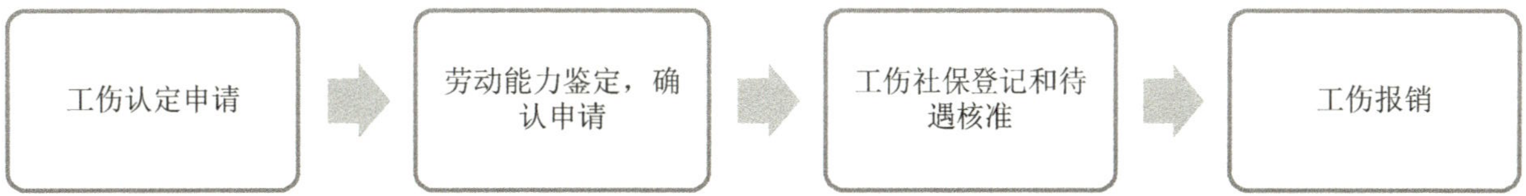

6. 外借人员管理流程图

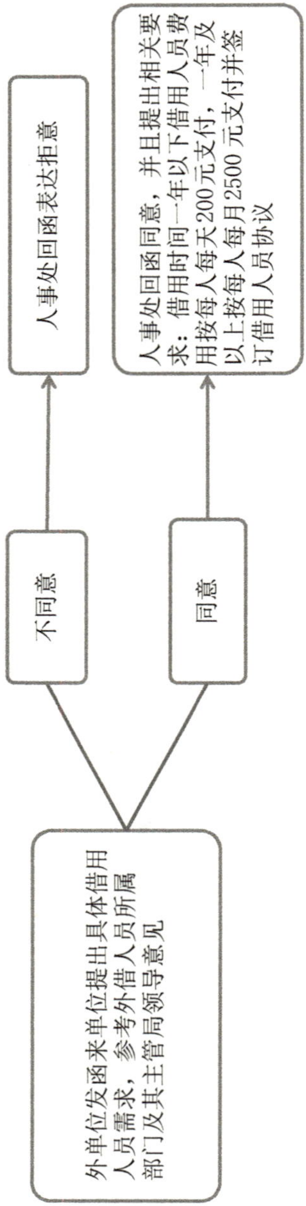
外单位发函来单位提出具体借用人员需求，参考外借人员所属部门及其主管局领导意见
不同意
同意
人事处回函表达拒意
人事处回函同意，并且提出相关要求：借用时间一年以下借用人员费用按每人每天200元支付，一年及以上按每人每月2500元支付并签订借用人员协议

7. 社会化管理流程图

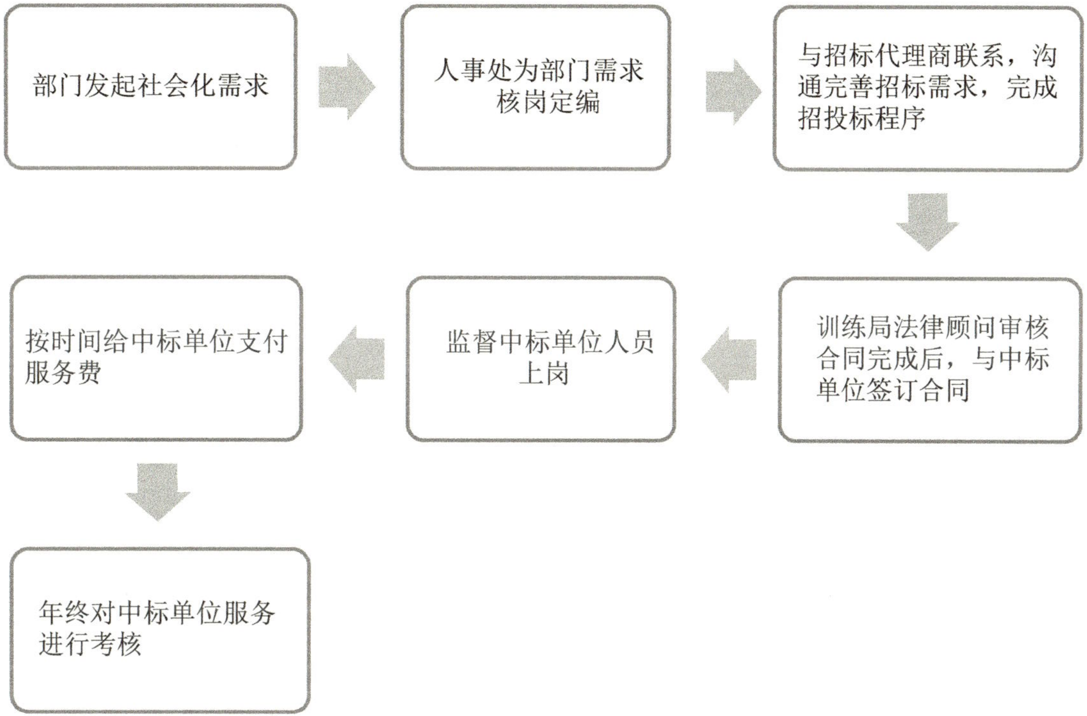
部门发起社会化需求
人事处为部门需求核岗定编
与招标代理商联系，沟通完善招标需求，完成招投标程序
训练局法律顾问审核合同完成后，与中标单位签订合同
监督中标单位人员上岗
按时间给中标单位支付服务费
年终对中标单位服务进行考核

8. 部门年度培训计划及预算审批流程图

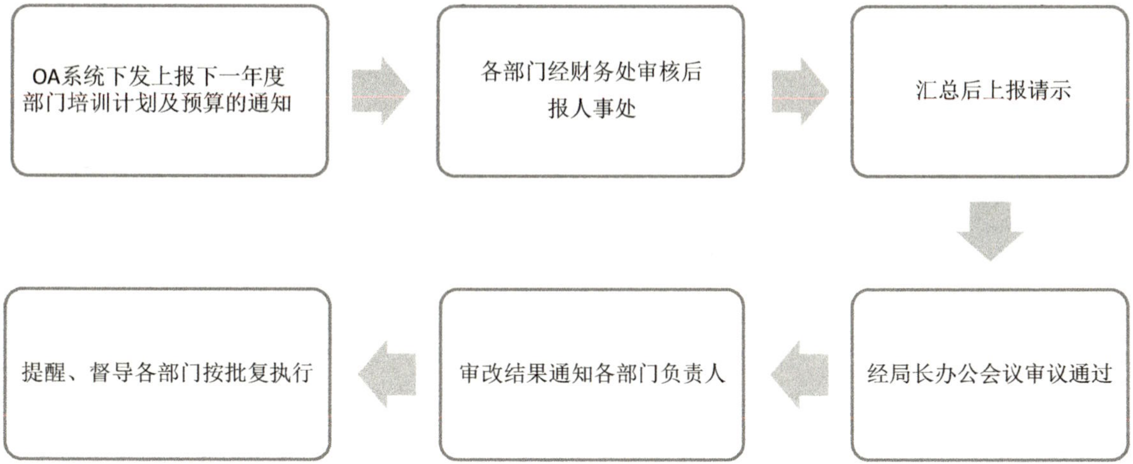

9. 每月部门考勤上报流程图

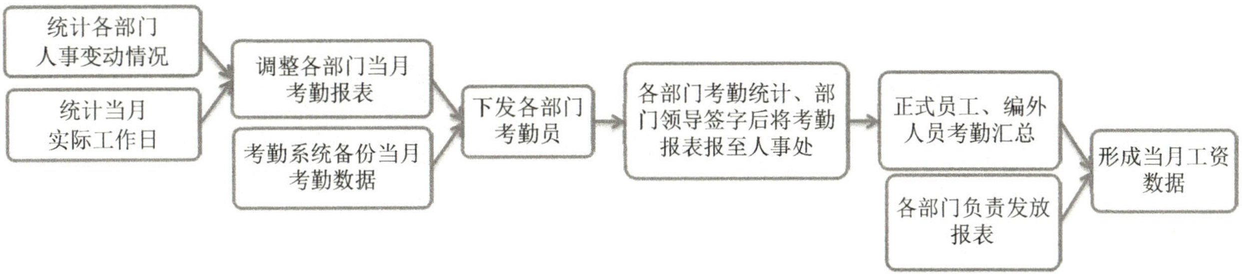

10. 年度考核流程图

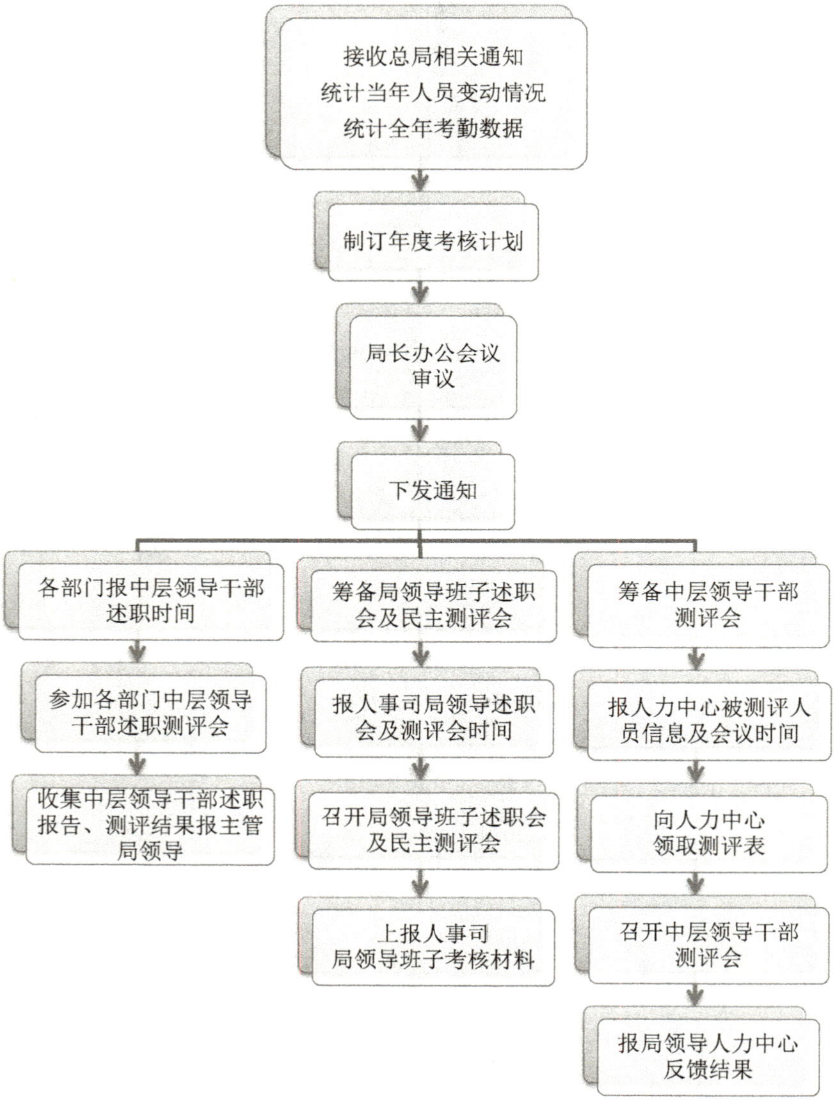
接收总局相关通知
统计当年人员变动情况
统计全年考勤数据
制订年度考核计划
局长办公会议审议
下发通知
各部门报中层领导干部述职时间
参加各部门中层领导干部述职测评会
收集中层领导干部述职报告、测评结果报主管局领导
筹备局领导班子述职会及民主测评会
报人事司局领导述职会及测评会时间
召开局领导班子述职会及民主测评会
上报人事司局领导班子考核材料
筹备中层领导干部测评会
报人力中心被测评人员信息及会议时间
向人力中心领取测评表
召开中层领导干部测评会
报局领导人力中心反馈结果

四、当前工作中存在的问题和困难

（一）工作流程有待优化

目前的工作流程还有待进一步优化，个别工作流程尚存在不够合理、影响效率等方面的问题，阻碍了服务水平的提高。

（二）部门间的沟通与协调有待进一步加强

涉及局内各部门的人事、劳资、队伍建设等方面的工作，需要人事处与各个部门进行密切的交流和沟通。但目前人事处与其他部门的沟通和协调还有待进一步加强。

五、精细化管理新举措

（1）将人事处各个岗位工作职责与分工逐一做了进一步细化，做到逐级负责、责任到人、无缝衔接。

（2）针对人事处 17 个工作模块，删除一般日常行政事务工作模块部分，精细化整合为 14 个人事专项工作模块。

（3）精细化制作“一大一小”两类工作流程图。“一大”为人事处工作安排流程图；“一小”为工作模块中最典型的工作或办事流程图，合计 10 个流程图，做到一目了然、简明易懂、线路清晰、便于操作，从而实现工作或办事渠道畅通、便捷高效。

（4）在对各部门关于信息的通知与传达方面，一律采取局域网 OA 系统加微信工作群的双轨道形式，以期进一步提高部门间的信息沟通效率。

（5）不定期走访各部门成为人事处工作的一项内容，并逐步形成常态化。及时了解和反馈各部门的需求以及对人事工作的意见和建议，有利于人事处各项工作的开展。

财务处精细化管理工作报告

财务处是负责训练局国有资产的核算及其保值增值管理，经济运行经费的核算、分析、管理及其监控等工作的职能部门。

一、部门工作职能

（1）负责宣传、贯彻、执行党和国家及上级部门有关财经政策、法规及会计制度。

（2）负责制定训练局财务管理相关规章制度，并监督、检查各项规章制度的落实与执行情况。

（3）负责训练局财务预算管理工作，负责督促、协调各项预算按计划执行。

（4）负责训练局事业本级及投资公司的财务管理和会计核算工作，全面反映财务收支状况。

（5）负责事业、公司的年度财务决算及基本建设财务竣工决算工作。

（6）负责编制各类财务报表及分析材料，为局领导决策提供依据。

（7）负责组织训练局的财务、税务、统计的日常工作，配合外部审计工作。

（8）负责训练局人员工资、奖金、津贴的发放和公积金、个人所得税的核算工作。

（9）参与大宗物资采购和建设工程的招投标审议工作。

（10）参与重大固定资产的处置，督促、协调固定资产的移交工作。

（11）按照规定做好会计档案的管理工作。

（12）负责管理、监督、检查、指导各部门的财务工作。

（13）承办领导交办的其他工作。

二、岗位设置与岗位职责

（一）岗位设置

财务处岗位设置财务处处长 1 人，副处长 1 人，综合会计岗位 1 人，本级核算岗位 2 人，项目经费管理、公司出纳岗位 1 人，公用经费管理、公司会计岗位 1 人，伙食、工会经费和党费核算岗位 1 人，内控、物资和档案管理岗位 1 人，薪资、人员经费管理岗位 1 人，报表、税务及发票管理岗位 1 人，出纳岗位 1 人。其中处长和副处长均兼任专业技术岗位。

（二）工作内容与岗位职责

1. 财务处处长工作内容与岗位职责

财务处处长在局领导的领导和上级主管部门的指导下，遵守国家财经法纪和财务制度，组织训练局会计核算与财务管理工作。

（1）工作内容。

① 建立训练局会计核算体系。

② 组织制定、完善局内部财务会计规章制度，并监督各部门贯彻执行。

③ 组织实施训练局财务管理、成本管理、资金管理、财务预决算控制和会计监督等方面的各项工作。

④ 积极筹集资金，保证财政拨款到位，保证各项收入足额收缴，做到应收尽收、资金及时到位。

⑤ 督促检查各项预算、决算执行情况，对财务报表、财务报告编制工作严格把关。

⑥ 根据审核后的财务预算，合理安排财务支出，控制资金的流出量，保证训练局各项工作顺利进行。

⑦ 组织开展财务分析，及时查找并改进财务工作的漏洞与不足，努力提高资金使用效益。

⑧ 协助局领导督促、监督经营创收工作。负责下属公司的资产转让、整顿、清理工作。

⑨ 负责财务处岗位设置、人员调整工作。不断提高财务人员的业务水平与服务质量。

⑩ 完成上级领导交办的其他事项。

（2）岗位职责。

① 对训练局财务会计核算程序的制定负全部责任。

② 对训练局的资金使用负审批责任。

③ 对训练局资金运行成本负全面控制责任。

2. 财务处副处长工作内容与岗位职责

（1）工作内容。协助处长开展各项工作；负责组织部门相关报表填报工作，重点负责组织预、决算报表编制，结余结转资金上报；预算执行控制；审计监（检）查；制度建设。

① 负责组织制定单位财务管理、会计核算、资金管理等各项规章制度并贯彻执行。

② 根据领导授权负责组织单位年度财务预算、决算的编制、分析及上报。

③ 协助处长组织处内各会计岗位的会计核算等日常工作。

④ 负责训练局各项费用支出的复核工作。

⑤ 负责组织处内有关人员做好单位资金管理；协助处长做好单位预算资金执行管理工作。

⑥ 负责组织检查、指导和监督各收费点的收费业务。

⑦ 协助处长协调与上级主管部门、单位内部业务处室、财税、银行等部门的工作关系，负责组织配合外部审计工作。

⑧ 负责部门出勤考核工作。

⑨ 负责组织会计人员的业务培训，负责组织部门内部业务学习、会议安排筹备等工作。

⑩ 完成上级领导交办的其他事项。

（2）岗位职责。

① 对财务预、决算负组织责任。

② 对未认真审核会计凭证，使财务工作出现严重违反财经纪律的事项负失职责任。

③ 对相关会计报表的编制负监督与审核责任。

3. 综合会计岗位工作内容与岗位职责

（1）工作内容。根据《事业单位财务规则》、会计基础工作规范和内部财务管理的要求，协助部门领导做好综合管理及复核工作。

① 协助部门领导做好各会计岗位的会计核算等日常工作。

② 协助部门领导做好训练局各项费用支出的复核工作。

③ 协助部门领导做好单位预算资金执行管理工作。

④ 协助部门领导做好审计及整改工作。

⑤ 协助部门领导制定、完善训练局内部财务会计规章制度，并监督各部门贯彻执行。

⑥ 负责与各业务口收入、支出核对业务。

⑦ 负责组织检查、指导和监督各收费点的收费业务。

⑧ 完成上级领导交办的其他事项。

（2）岗位职责。

① 对会计核算的准确性、会计报表的及时性负责。

② 对会计工作的有效性和有序性负责。

③ 对未认真审核会计凭证，使财务工作出现严重违反财经纪律的事项负失职责任。

④ 遵守财务保密制度。

4. 本级核算岗位工作内容与岗位职责

（1）工作内容。根据《事业单位财务规则》、会计基础工作规范和内部财务管理的要求，负责事业本级经费账目会计的核算工作。

① 负责事业本级账套管理及科目维护。

② 按照审核无误的报销凭证，认真填制记账凭证，做好凭证的录入、记账、结账工作，保证账务处理及时，会计科目运用准确，会计核算信息真实完整。

③ 负责银行存款账的对账工作，做到账款相符、账账相符，及时编制“银行存款余额调节表”。

④ 认真及时清理核对固定资产账，每月配合行政处核对固定资产卡片及账务处理。年终配合行政处完成固定资产决算。

⑤ 认真及时清理往来账目，发现问题及时处理，杜绝呆账、死账。

⑥ 负责事业本级收入应纳税额计税工作。

⑦ 根据工作需要，适时提供相关会计信息。

⑧ 按时编制和报送统计局报表、做好统计台账登记及统计登记证保管及年检工作。

⑨ 负责事业本级会计档案的整理与移交工作。

⑩ 配合完成各项审计、税务、统计、财务检查工作。

⑪ 完成上级领导交办的其他事项。

（2）岗位职责。

① 对会计核算的准确性、会计报表的及时性负责。

② 对会计工作的有效性和有序性负责。

③ 对未认真审核会计凭证、使财务工作出现严重违反财经纪律的核算事项负失职责任。

④ 遵守财务保密制度。

⑤ 对严重违反财务法规、财务制度的事项，不拒绝执行，又不向上级领导汇报的，应同有关人员负连带责任。

5. 项目经费管理、公司出纳岗位工作内容与岗位职责

（1）工作内容。根据《事业单位财务规则》、会计基础工作规范和内部财务管理的要求，负责基建专项经费账目会计的核算工作。

① 负责基建专项经费报销审核，对不真实、不合法的原始凭证不予受理，对违反财务制度的收支活动不予办理；严格执行财务制度规定的各项开支范围和开支标准，履行会计监督职能，保证每一笔报销事项真实、手续完备、数字准确、附件票据合规、签章齐全。

② 负责专项合同台账管理及基建维修印花税计缴。

③ 负责编制、上报基建及大型维修项目竣工财务决算工作。

④ 负责国库直接支付手续办理工作。

⑤ 负责预算执行计划和资金用款计划申报工作。

⑥ 负责结余结转资金上报工作。

⑦ 协助领导组织单位年度预、决算报表填报工作。

⑧ 负责财务处固定资产档案的建立及管理维护工作。

⑨ 负责公司出纳及日常事务。

⑩ 认真及时清理往来账目，发现问题及时处理，杜绝呆账、死账。

⑪ 配合完成各项审计、税务、财务检查工作。

⑫ 负责基建专项经费会计档案装订、整理及移交工作。

⑬ 根据工作需要，适时提供相关会计信息。

⑭ 及时向领导汇报基本建设财务状况和投资完成情况。

⑮ 完成上级领导交办的其他事项。

（2）岗位职责。

① 对会计核算的准确性、会计报表的及时性负责。

② 对会计工作的有效性和有序性负责。

③ 对未认真审核原始凭证，使财务工作出现严重违反财经纪律的事项负失职责任。

④ 遵守财务保密制度。

⑤ 对于违反财务法规、财务制度的事项，不拒绝执行，又不向上级领导报告的，应同有关人员负连带责任。

6. 公用经费管理、公司会计岗位工作内容与岗位职责

（1）工作内容。根据《事业单位财务规则》、会计基础工作规范和内部财务管理的要求，负责事业本级公用经费、公司经费的核算工作。

① 负责事业本级公用经费、创收支出报销审核，对不真实、不合法的原始凭证不予受理，对违反财务制度的收支活动不予办

理；严格执行财务制度规定的各项开支范围和开支标准，履行会计监督职能，保证每一笔报销事项真实、手续完备、数字准确、附件票据合规、签章齐全。

② 负责公司会计凭证审核，保证账务处理及时，会计科目运用准确，会计核算信息真实完整。

③ 负责公司的成本核算、预测、分析、控制等日常管理工作。

④ 负责公司经营创收指标绩效考核，综合分析影响经营盈亏的主要因素。

⑤ 负责公司年审、税审。

⑥ 认真及时清理往来账目，发现问题及时处理，杜绝呆账、死账。

⑦ 负责公司的资产转让、整顿、清算工作。

⑧ 配合完成各项审计、税务、统计、财务检查工作。

⑨ 负责公司相关税款申报及缴纳。

⑩ 负责公司各类统计报表的编制，保证准确及时。

⑪ 根据工作需要，适时提供相关会计信息。

⑫ 负责公司会计档案及时整理与移交归档。

⑬ 完成上级领导交办的其他事项。

（2）岗位职责。

① 对会计核算的准确性、会计报表的及时性负责。

② 对会计工作的有效性和有序性负责。

③ 对未认真审核会计凭证，使财务工作出现严重违反财经纪律的事项负失职责任。

④ 对不按时缴纳税款负责。

⑤ 遵守财务保密制度。

⑥ 对于严重违反财务法规、财务制度的事项，不拒绝执行，又不向上级领导汇报的，应同有关人员负连带责任。

7. 伙食、工会经费和党费核算岗位工作内容与岗位职责

（1）工作内容。根据《事业单位财务规则》、会计基础工作规范和内部财务管理的要求，负责运动员餐厅伙食费、职工餐厅餐费、工会经费、党委办公室经费账目会计的核算工作。

① 负责运动员餐厅伙食费、职工餐厅餐费收支审核、会计核算、餐厅原材料采购明细审核。对不真实、不合法的原始凭证不予受理，对违反财务制度的收支活动不予办理；严格执行财务制度规定的各项开支范围和开支标准，履行会计监督职能，保证每一笔报销事项真实、手续完备、数字准确、附件票据合规、签章齐全。

② 负责收取国家队在编、超编人员及各省驻训队伍伙食费。

③ 协助膳食处办理餐卡充值、挂失等相关工作。

④ 每月末与本级会计核对伙食经费往来账等，有问题及时查找。

⑤ 负责工会经费、党委办公室经费收支审核及会计核算。

⑥ 按月编制膳食处收支统计表等报表、工会经费开支明细表。

⑦ 负责与膳食处核对每月原材料出入库账。

⑧ 负责编制工会经费预、决算报表，保证准确及时。

⑨ 负责每月与运动员综合服务处核对应收各运动队款项明细。

⑩ 负责伙食经费、工会经费会计档案装订、整理及移交工作。

⑪ 认真及时清理往来账目，发现问题及时处理，杜绝呆账、死账。

⑫ 配合完成各项审计、财务检查工作。

⑬ 根据工作需要，适时提供相关会计信息。

⑭ 负责每月财务处办公用品的申请领用管理工作。

⑮ 完成上级领导交办的其他事项。

（2）岗位职责。

① 对会计核算的准确性、会计报表的及时性负责。

② 对会计工作的有效性和有序性负责。

③ 对未认真审核原始凭证，使财务工作出现严重违反财经纪律的事项负失职责任。

④ 遵守财务保密制度。

⑤ 对于严重违反财务法规、财务制度的事项，不拒绝执行，又不向上级领导报告的，应同有关人员负连带责任。

8. 内控、物资和档案管理岗位工作内容与岗位职责

（1）工作内容。根据《事业单位财务规则》、会计基础工作规范和内部财务管理的要求，负责财务内控物资档案的管理工作。

① 负责训练局赞助物资出入库凭证的记账工作。

② 负责训练局“一卡通”智能系统的财务管理工作，包括卡片加密，储值卡充值、延期、查询、领用及使用部门报修协调工作。

③ 对内控制度的完善提出合理化建议，协助财务负责人建立健全内部会计控制制度，参与制定相关规定、办法。

④ 负责各业务处室送来的经济合同签收、登记、建档保管的

工作；随时了解、掌握合同履行情况，发现问题及时汇报处理。

⑤ 按照“妥善保管、存放有序、查找方便”的原则，做好财务处会计档案的收集、整理、归档工作。严格会计档案调阅登记制度和借还手续。

⑥ 协助领导完成审计监察、制度建设、会议纪要、部门请示及上报文件等工作。

⑦ 负责部门文件的收、发、登记与及时传阅工作。

⑧ 根据工作需要，适时提供相关会计信息。

⑨ 完成上级领导交办的其他事项。

（2）岗位职责。

① 对会计核算的准确性、会计报表的及时性负责。

② 对会计工作的有效性和有序性负责。

③ 对未认真审核原始凭证，使财务工作出现严重违反财经纪律的事项负失职责任。

④ 遵守财务保密制度。

⑤ 对于严重违反财务法规、财务制度的事项，不拒绝执行，又不向上级领导报告的，应同有关人员负连带责任。

9. 薪资、人员经费管理岗位工作内容与岗位职责

（1）工作内容。根据《事业单位财务规则》、会计基础工作规范和内部财务管理的要求，负责训练局各项人员经费的审核、发放与计税工作。

① 负责训练局工资、奖金、津补贴的统计、审核与发放。每月工资发放完毕后，将工资明细表装订成册，归档；负责积累工

资、津贴发放规定和标准等有关资料，每年年底将工资发放汇总表、人事处提供的通知单及封面打印。

② 负责训练局职工住房改革支出发放工作。

③ 协助行政处完成住房改革支出预、决算工作。

④ 负责训练局工资台账的登记管理工作。

⑤ 负责训练局职工个人收入、查询及工资条发放。

⑥ 负责训练局职工的工资卡统一申办与核发工作。

⑦ 负责个人所得税计算扣缴及相关工作。

⑧ 负责每月老干部医疗费报销审核工作。

⑨ 负责填报训练局人员经费相关报表，保证准确及时。

⑩ 协助人事处做好工资额度控制及核对工作。

⑪ 负责训练局职工住房公积金的年度调整及每月汇缴工作，并为职工办理住房公积金开户、转移、封存、提取、销户等业务。

⑫ 负责计提工会经费。

⑬ 负责与保险经纪公司签署风险管理协议书。

⑭ 负责向统计局上报人员工资情况报表的申报工作。

⑮ 负责保管法人印鉴及盖章工作。

⑯ 配合完成各项审计、税务、统计、财务检查工作。

⑰ 负责人员经费、会计档案装订、整理及移交工作。

⑱ 根据工作需要，适时提供相关会计信息。

⑲ 完成上级领导交办的其他事项。

（2）岗位职责。

① 对工资、福利费的审核、发放准确性负责。

② 对薪资发放工作的有效性和有序性负责。

③ 对未认真审核薪资单据，使财务工作出现严重违反财经纪律的事项负失职责任。

④ 遵守财务保密制度。

⑤ 对于违反财务法规、财务制度的事项，不拒绝执行，又不向领导或上级机关、财政部门报告的，应同有关人员负连带责任。

10. 报表、税务及发票管理岗位工作内容与岗位职责

（1）工作内容。根据《事业单位财务规则》、会计基础工作规范和内部财务管理的要求，负责事业本级预、决算报表，外联及报税工作。

① 负责提交相关财务报表，保证准确及时，报表包括（但不限于）事业本级年度预、决算报表，体育总局经济司、财务中心的相关报表。

② 负责事业本级各种发票及收据（增值税发票、中央行政事业单位资金往来结算票据、工会经费收入专用收据）的申购、登记、开具、发放、收回、年检与保管工作。

③ 负责事业本级的各项纳税申报，税务登记证保管及年检工作。

④ 负责各部门税控机升级服务工作。

⑤ 负责定期对纳税申报、税负情况进行综合分析，提出合理性建议。

⑥ 负责财政部专员办的账户年检工作。

⑦ 负责办理残疾人就业保障金业务。

⑧ 配合完成各项审计、税务、统计、财务检查工作。

⑨ 协助领导做好与外部关系单位的沟通与协调工作。

⑩ 负责相关会计档案装订、整理及移交工作。

⑪ 完成上级领导交办的其他事项。

（2）岗位职责。

① 对不按时缴纳税款负责。

② 对发票管理工作负责。

③ 遵守财务保密制度。

④ 对违反财务法规、财务制度的事项，既不拒绝执行又不向上级领导报告的，应同有关人员负连带责任。

11. 出纳岗位工作内容与岗位职责

（1）工作内容。出纳员是按照国家和单位的财务制度和会计规定，负责办理本单位的现金收付、银行结算业务，以及现金、银行存款日记账的记账结账工作，妥善保管单位库存现金、有价证券、空白票据。

① 认真执行国家财经法规、现金管理制度，遵守局财务管理制度。

② 根据审核无误的原始凭证和记账凭证办理各项现金、银行存款。

③ 支付业务，现金当面点清，避免争执；银行存款及时存款、取款、转账结算业务，并在整理凭证上加盖现金、银行存款收付讫戳记。

④ 每日盘点现金，建立健全现金日记账、银行存款日记账，及时登记。

⑤ 现金日记账和银行存款日记账，记账时做到数字准确、摘要清楚、逐笔登记、日清月结，保证账账、账实相符。

⑥ 负责现金日记账逐笔登记，每日核对库存现金，不得挪用库存。

⑦ 现金。每天下班前盘点库存现金，做到日清月结，发现差错查找不过夜，对不按现金管理规定进行盘点清查而造成的资金损失，由个人负责赔偿。

⑧ 定期进行现金、银行存款日记账与总账的核对，保证账账相符。

⑨ 根据账务处理需要，及时将在手的单据整理移交会计编制记账凭证。配合会计人员做好每月的报税和工资的发放工作，做到及时准确，不得无故延误。

⑩ 及时清理账目，督促因公借款人员及时办理报销手续，杜绝个人长期欠款。

⑪ 负责向体育总局财审中心领取支票密码业务。

⑫ 负责保管好现金、各种印章、空白支票、空白收据、银行开户许可证及其他有价证券，对于现金和各种有价证券，要确保其安全和完整无缺，如有短缺，要负责赔偿；对空白收据和空白支票，必须严格管理，专设登记簿登记，认真办理领用注销手续。保险箱密码要保密，保管好钥匙，不得转交他人。

⑬ 严格遵守现金管理制度，库存现金不得超过定额，不坐支，不挪用，不得用白条抵顶库存现金，保持现金实存与现金账面一致。

⑭ 负责办理银行汇款回单、银行进账单回单等各种收付款凭

证，并及时传递给会计处理。

⑮ 负责督促及办理个人公务卡还款及管理工作。

⑯ 银行开户、销户、印鉴等信息变更事项的办理。

⑰ 因调动工作或因故离职者，应在财会人员和财务负责人的监督下办理移交手续，才能离岗。

⑱ 完成上级领导交办的其他事项。

（2）岗位职责。

① 对检查、清点每日各收款点交来的现金，填制，及时存入银行负责。

② 对签收和整理各种支票、汇票等，填制，及时送存银行负责。

③ 对检查一切收、付、缴款业务凭证负责。

④ 遵守财务保密制度。

三、工作标准与工作流程

（一）预算管理流程

1. 预算编制总流程图

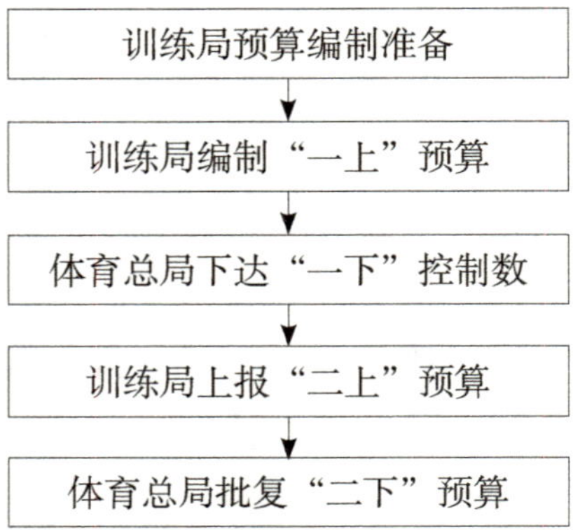

2. 预算编制准备流程图

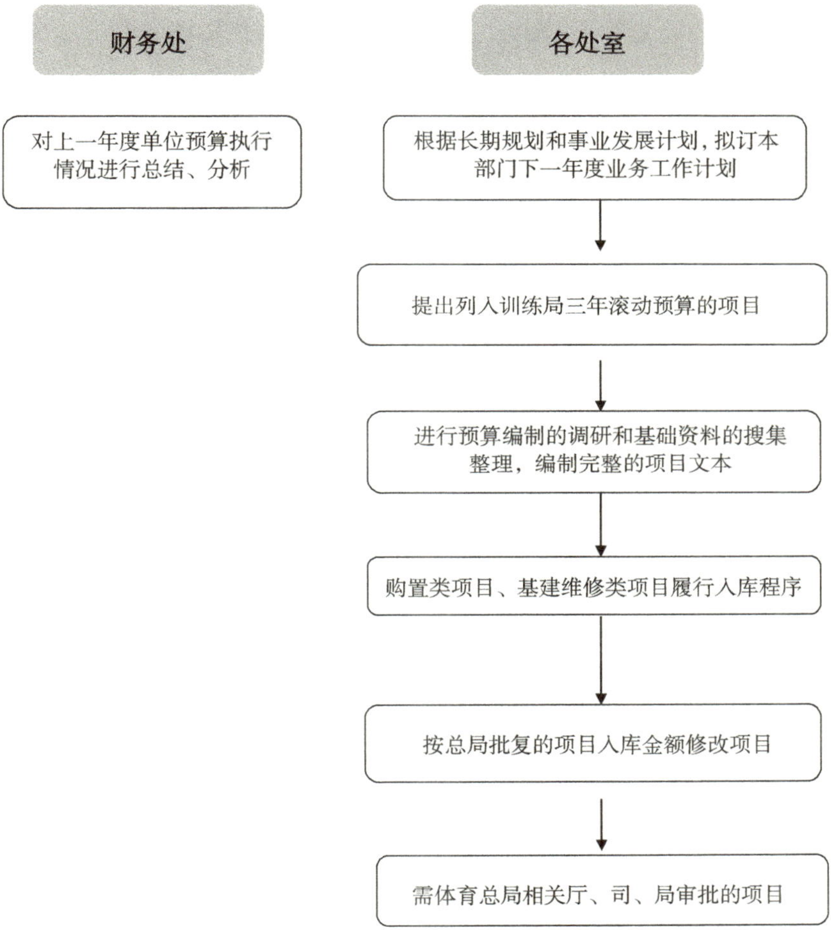
财务处
各处室
对上一年度单位预算执行情况进行总结、分析
根据长期规划和事业发展计划，拟订本部门下一年度业务工作计划
提出列入训练局三年滚动预算的项目
进行预算编制的调研和基础资料的搜集整理，编制完整的项目文本
购置类项目、基建维修类项目履行入库程序
按总局批复的项目入库金额修改项目
需体育总局相关厅、司、局审批的项目

3. 编制“一上”预算流程图

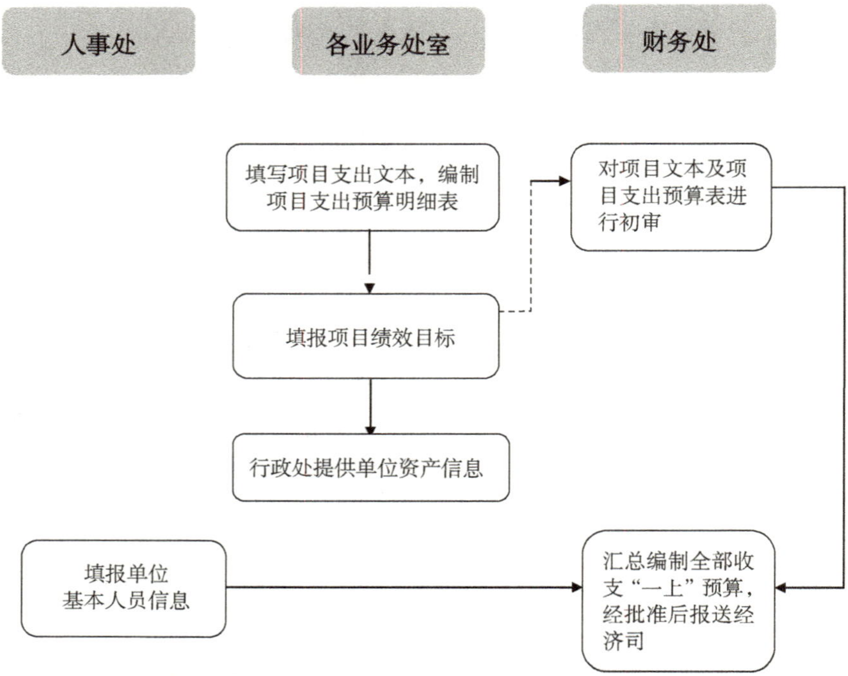
人事处
各业务处室
财务处
填写项目支出文本，编制项目支出预算明细表
对项目文本及项目支出预算表进行初审
填报项目绩效目标
行政处提供单位资产信息
填报单位基本人员信息
汇总编制全部收支“一上”预算，经批准后报送经济司

4. 下达“一下”预算流程图

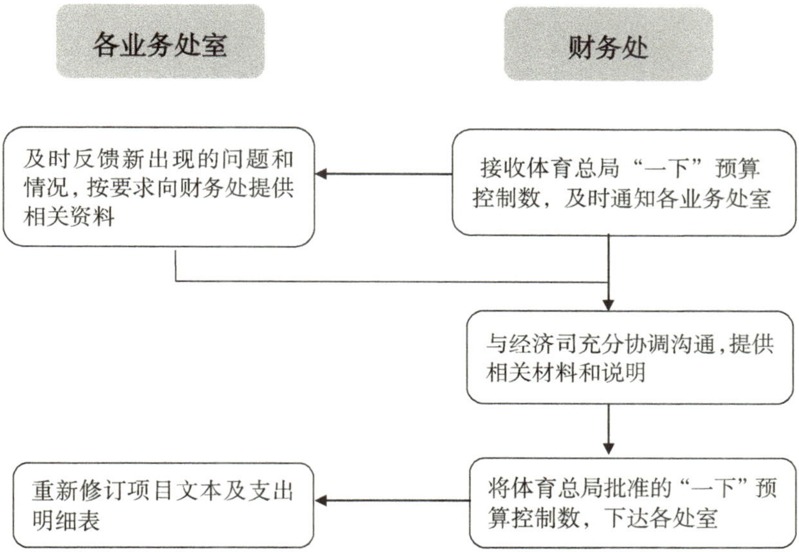
各业务处室
财务处
及时反馈新出现的问题和情况，按要求向财务处提供相关资料
接收体育总局“一下”预算控制数，及时通知各业务处室
与经济司充分协调沟通，提供相关材料和说明
重新修订项目文本及支出明细表
将体育总局批准的“一下”预算控制数，下达各处室

5. 上报“二上”预算流程图

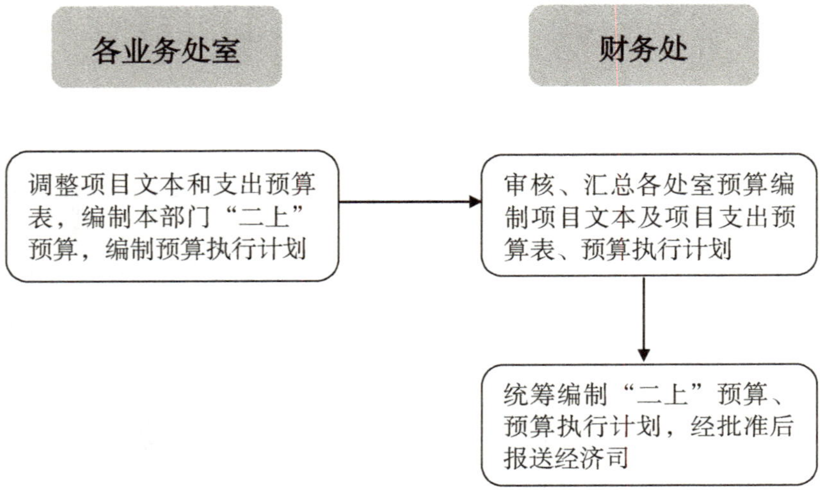
各业务处室
财务处
调整项目文本和支出预算表，编制本部门“二上”预算，编制预算执行计划
审核、汇总各处室预算编制项目文本及项目支出预算表、预算执行计划
统筹编制“二上”预算、预算执行计划，经批准后报送经济司

6. 基本支出预算编制流程图

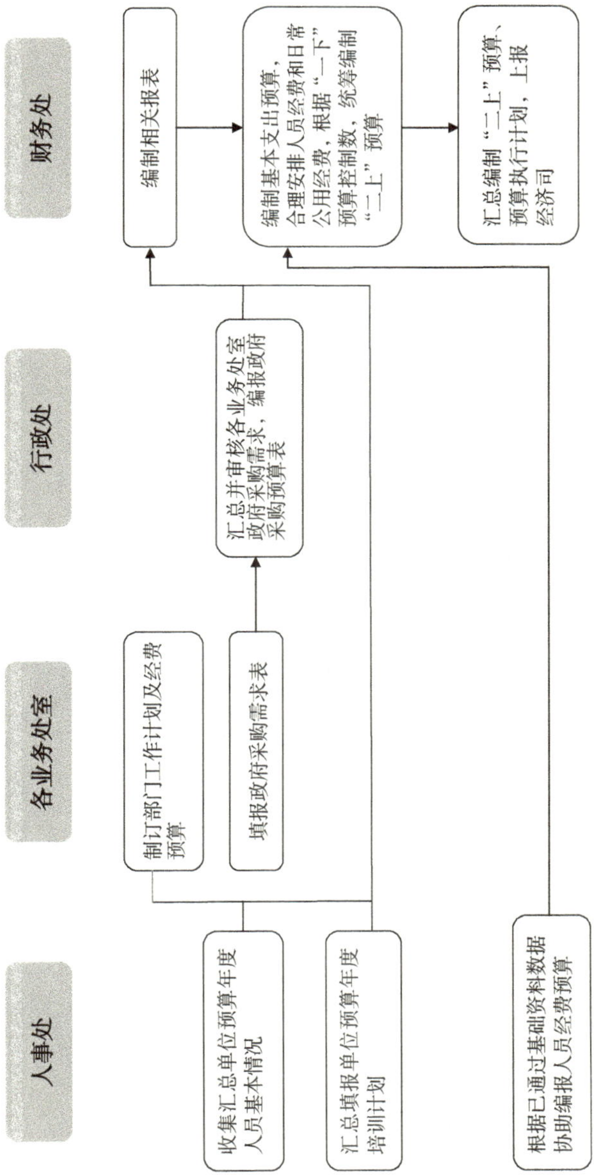

7. 创收经费预算编制流程图

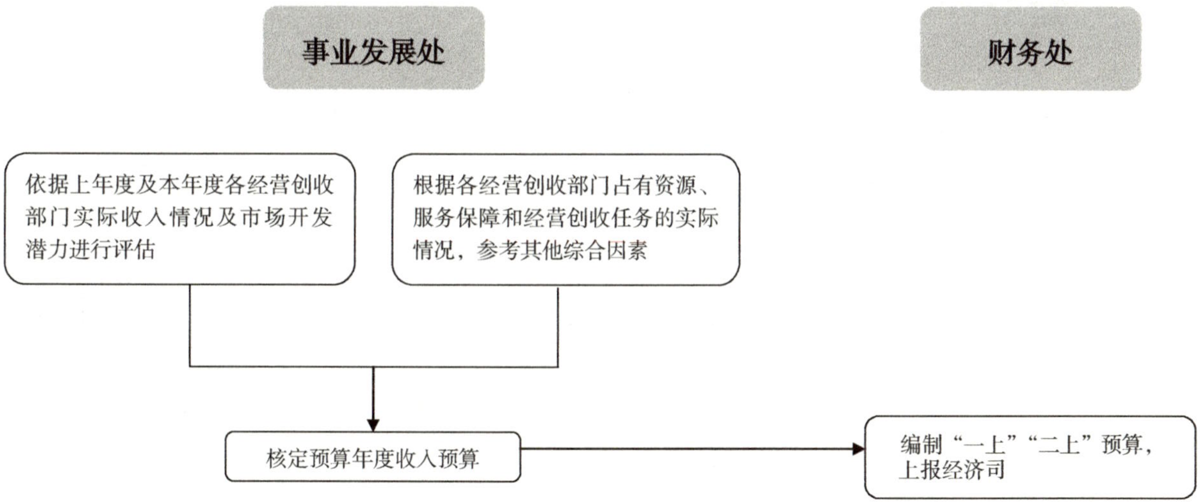

（二）资金管理流程

1. 事业本级出纳收款业务流程图

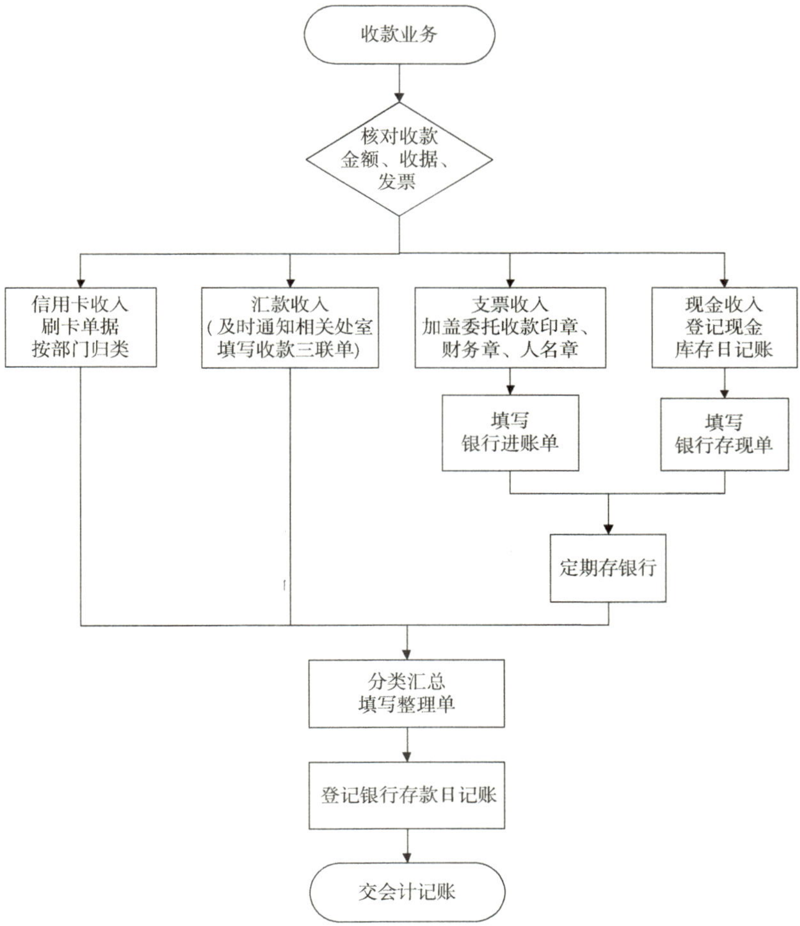

2. 事业本级出纳付款业务流程图

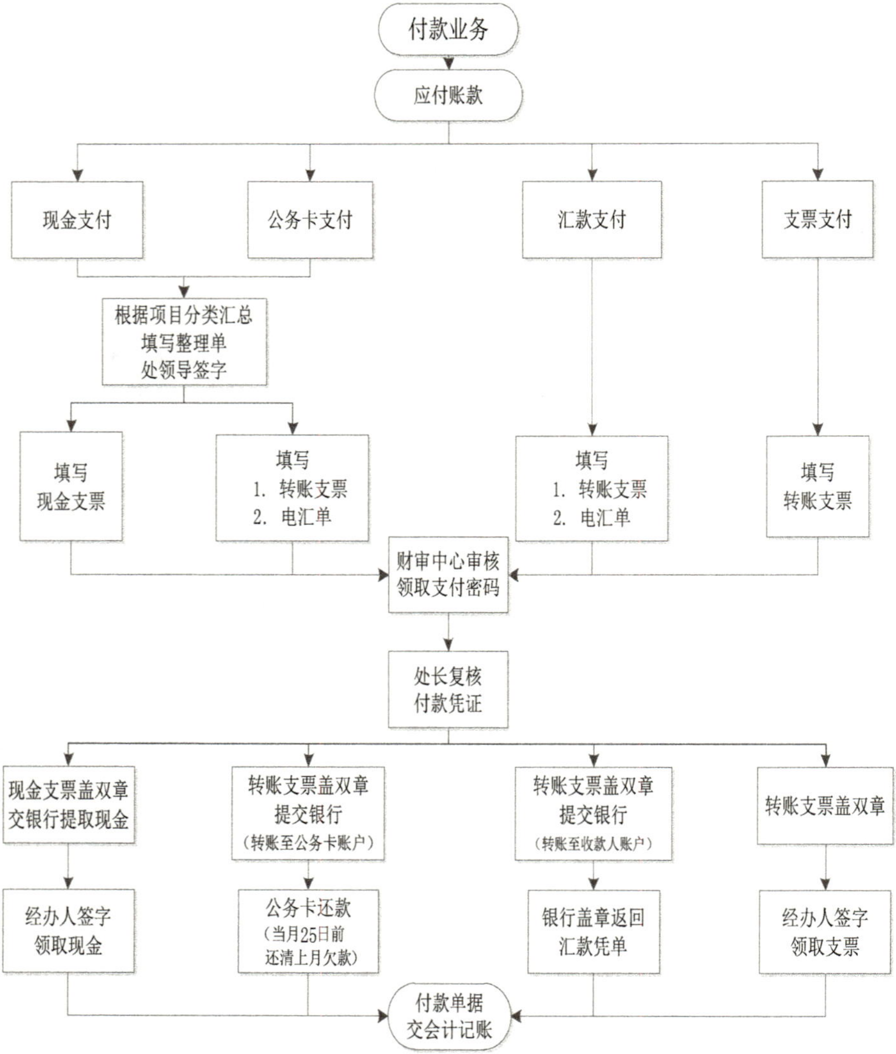

3. 公司出纳收款业务流程图

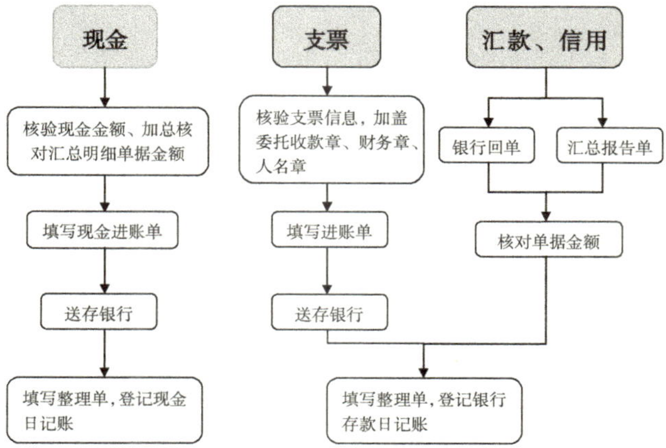

4. 公司出纳付款业务流程图

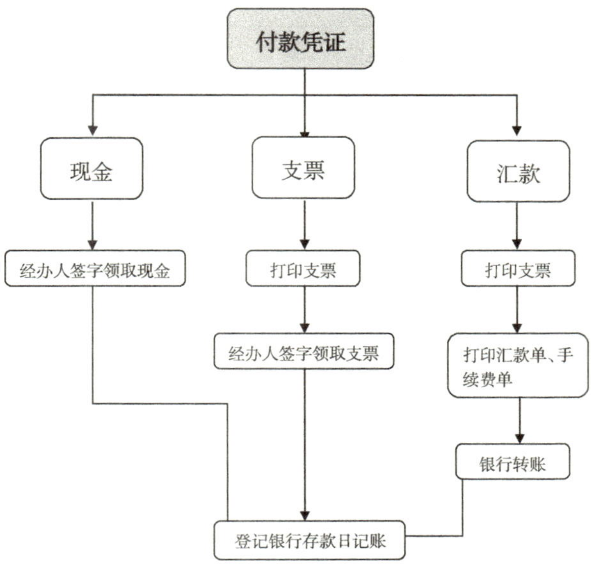

5. 事业本级报销审核流程图

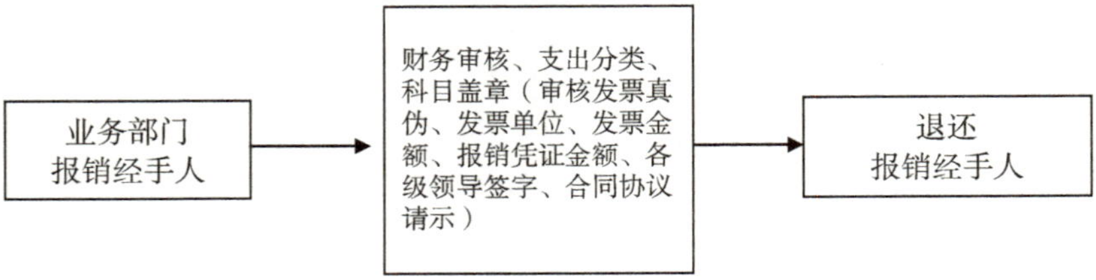

6. 党委办公室工会会费收入流程图（工会会费收入、俱乐部会员会费收入、党费收入）

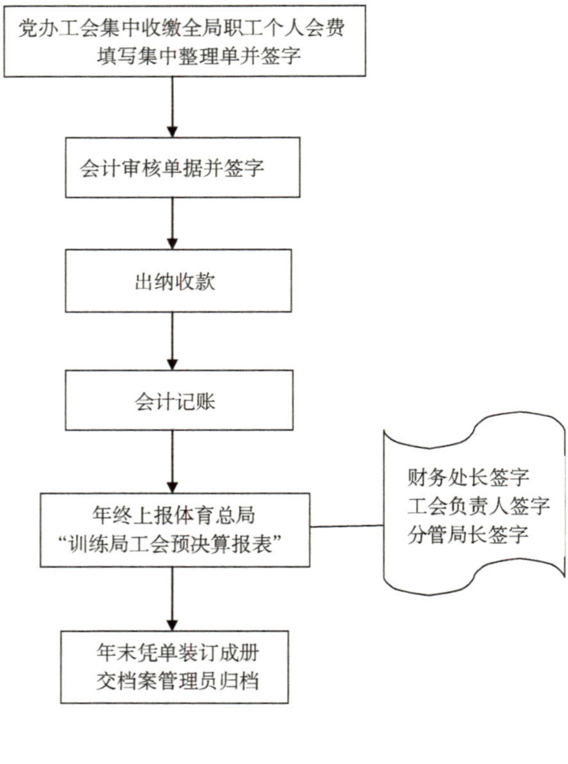

7. 党委办公室工会费用支出流程图

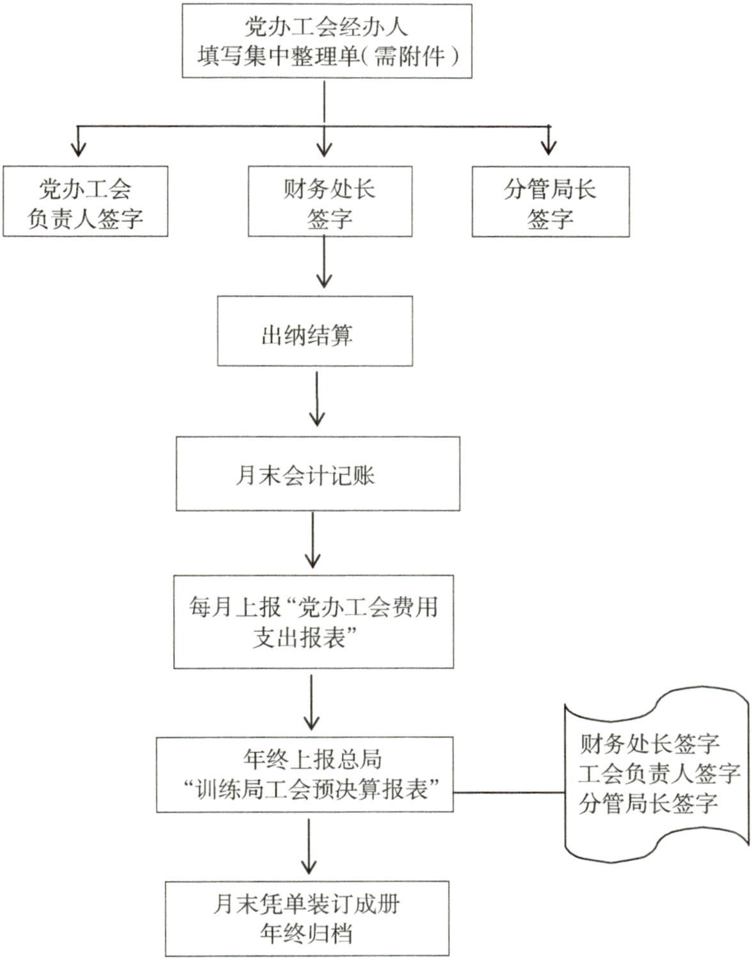

8. 膳食处收入流程图

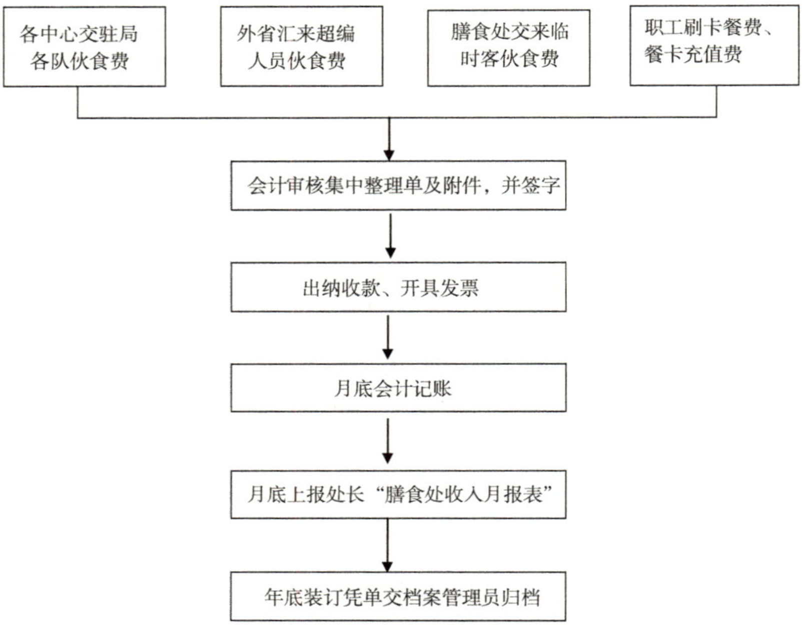
各中心交驻局
各队伙食费
外省汇来超编
人员伙食费
膳食处交来临
时客伙食费
职工刷卡餐费、
餐卡充值费
会计审核集中整理单及附件，并签字
出纳收款、开具发票
月底会计记账
月底上报处长“膳食处收入月报表”
年底装订凭单交档案管理员归档

9. 膳食处费用支出流程图

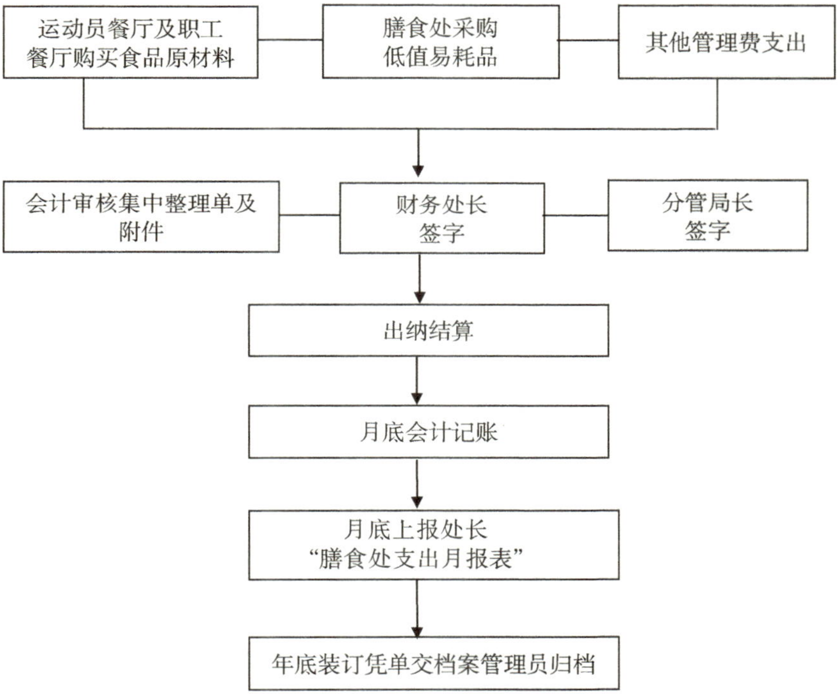

10. 国库直接支付流程图

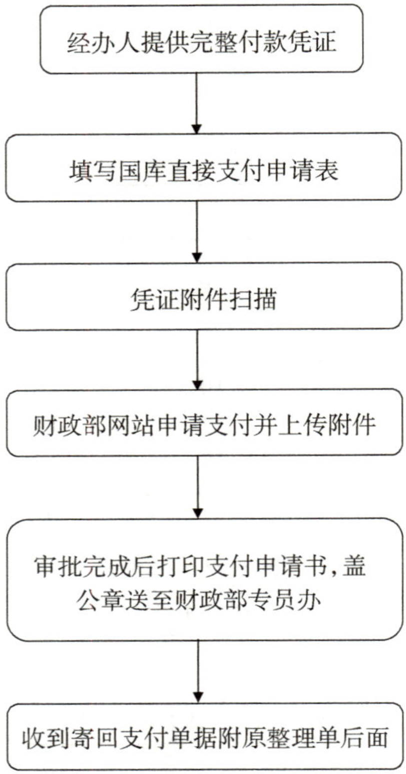

11. 事业本级项目支出审核流程图

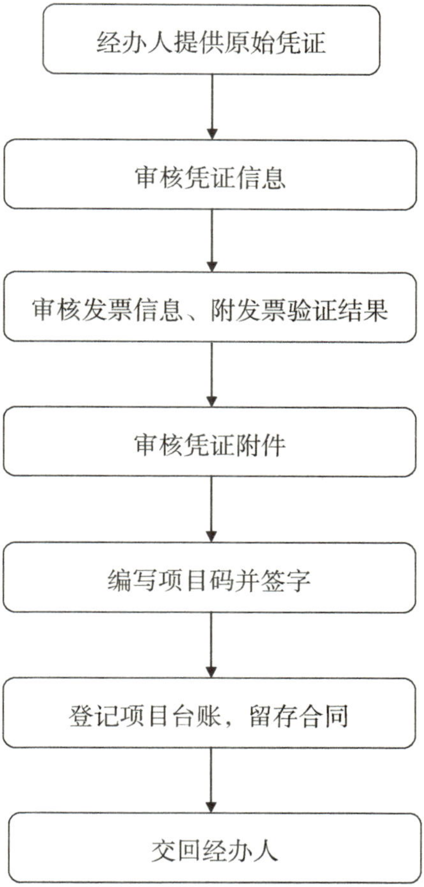

（三）会计核算管理流程

1. 事业本级会计记账流程图

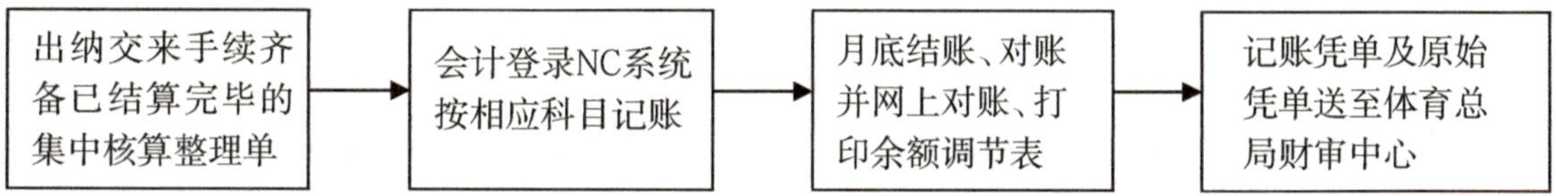

2. 公司凭证记账流程图

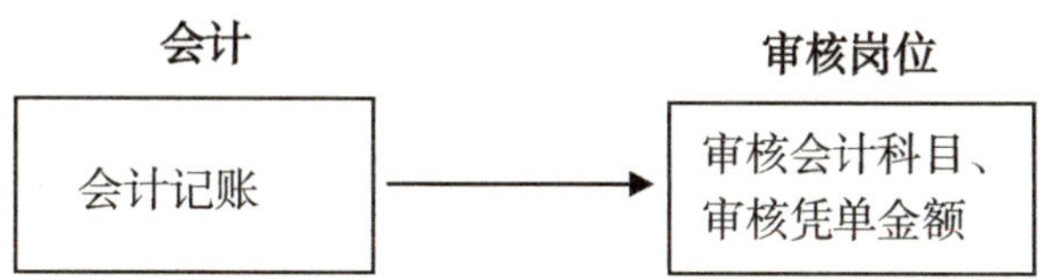

3. 赞助物资记账流程图

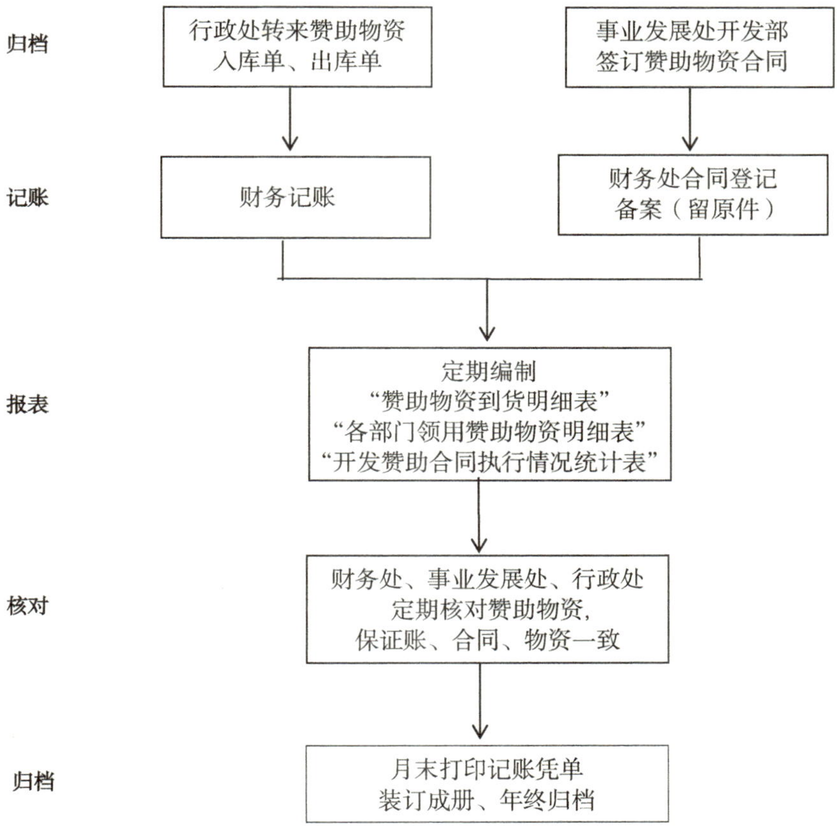
归档
行政处转来赞助物资
入库单、出库单
事业发展处开发部
签订赞助物资合同
记账
财务记账
财务处合同登记
备案（留原件）
报表
定期编制
“赞助物资到货明细表”
“各部门领用赞助物资明细表”
“开发赞助合同执行情况统计表”
核对
财务处、事业发展处、行政处
定期核对赞助物资，
保证账、合同、物资一致
归档
月末打印记账凭单
装订成册、年终归档

（四）税务管理流程

1. 事业本级税务核算流程图

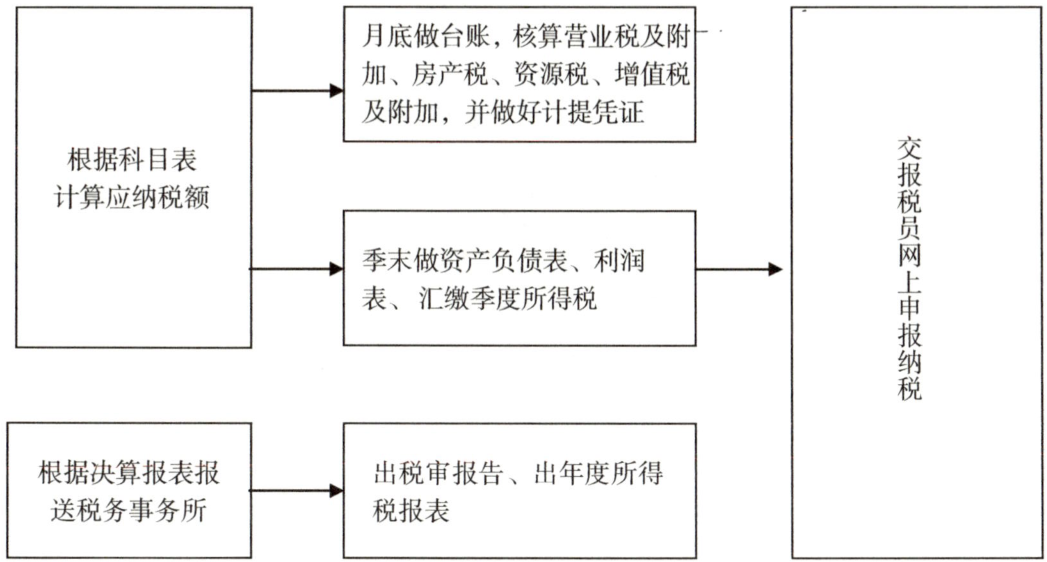

2. 财务处纳税申报流程图

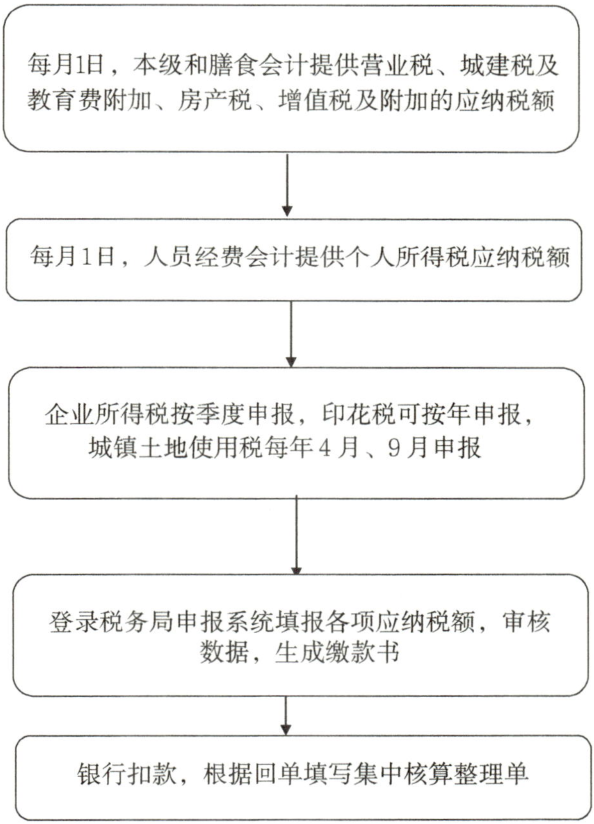

3. 劳务费应缴个人所得税提交地税局检验流程图

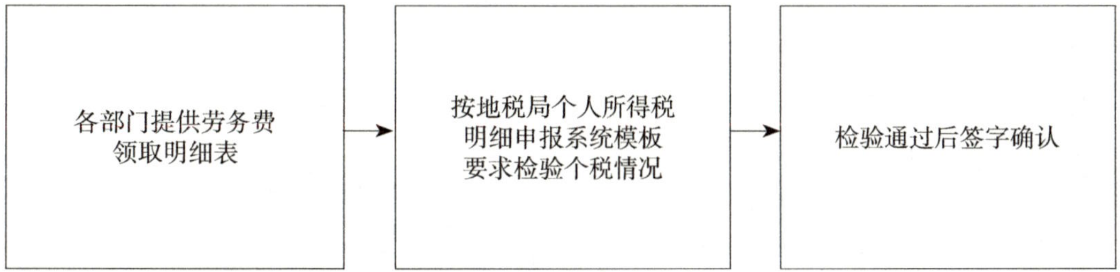

4. 个人所得税上报流程图

注：个税每月 15 日前申报，每年 2 月申报奖金个税。

（五）财务报表管理流程

1. 部门决算报表编制流程图

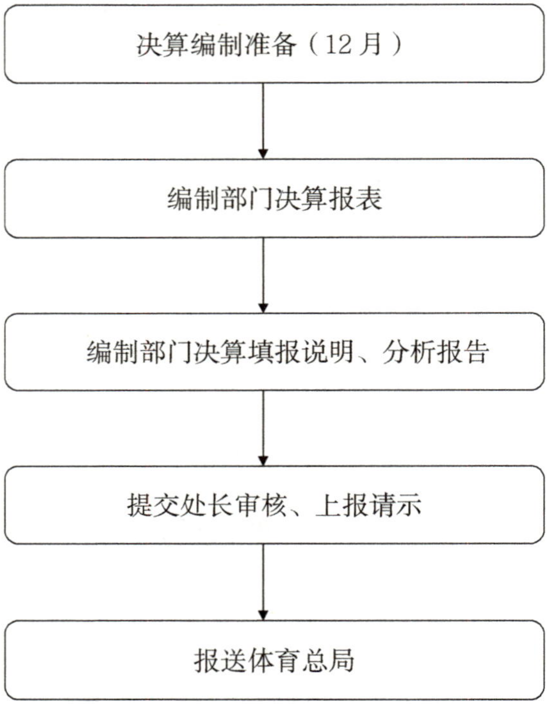

2. 基建维修竣工财务决算报表编制流程图

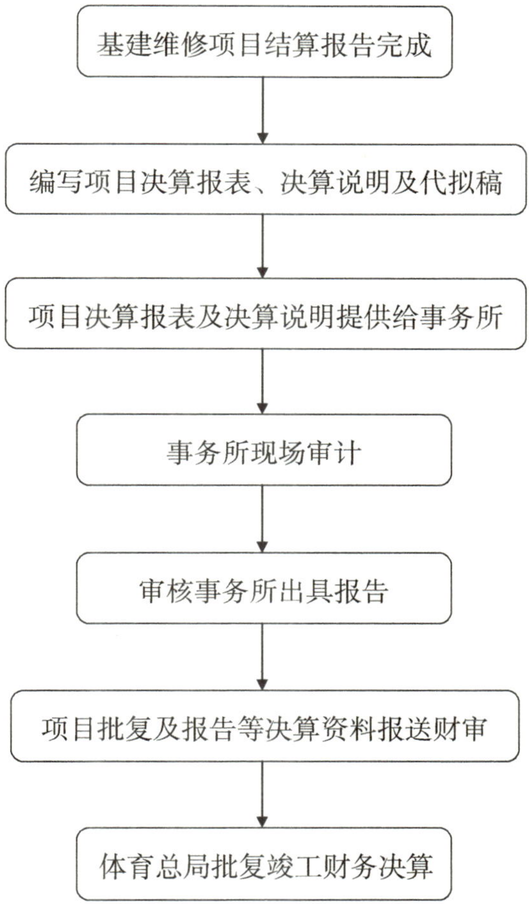

3. 事业本级日常报表编制流程图

4. 企业财务决算报表编制流程图

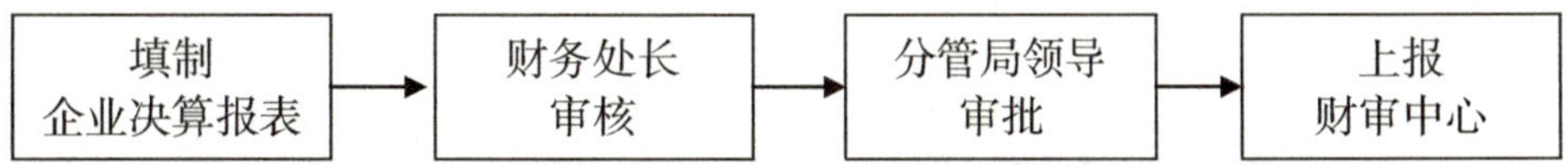

5. 花坛餐厅创收报表流程图

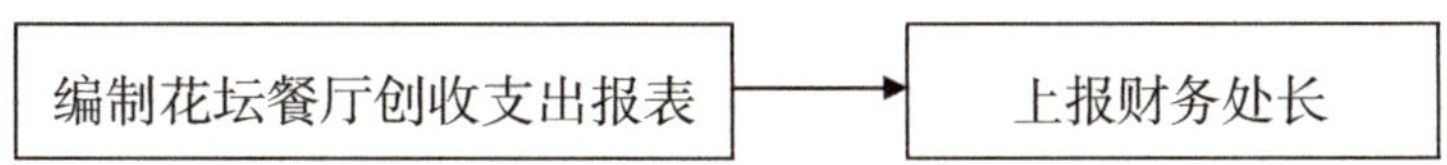

（六）工资发放管理流程

1. 发放正式工工资流程图

（1）发放正式工工资及离退休人员工资流程图（每月 4 日工商银行）

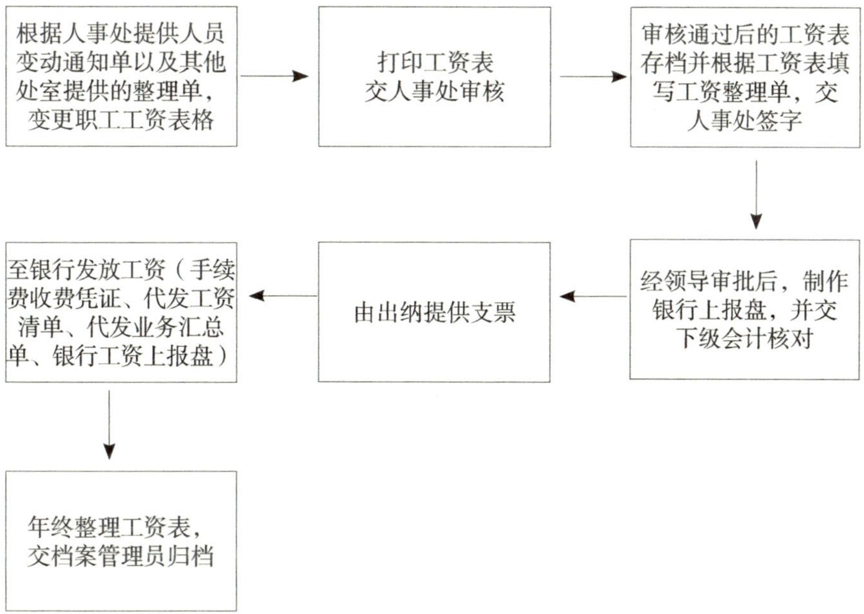

（2）发放正式工工资流程图（每月 10 日中信银行）

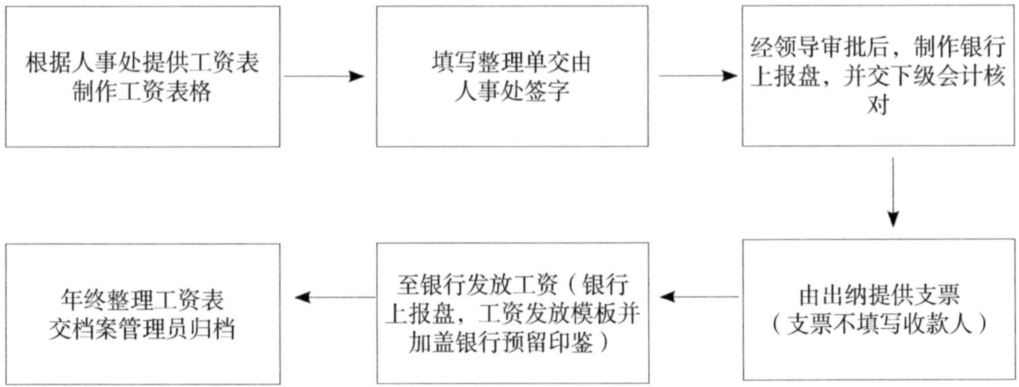

2. 发放合同工工资流程图（工商银行）

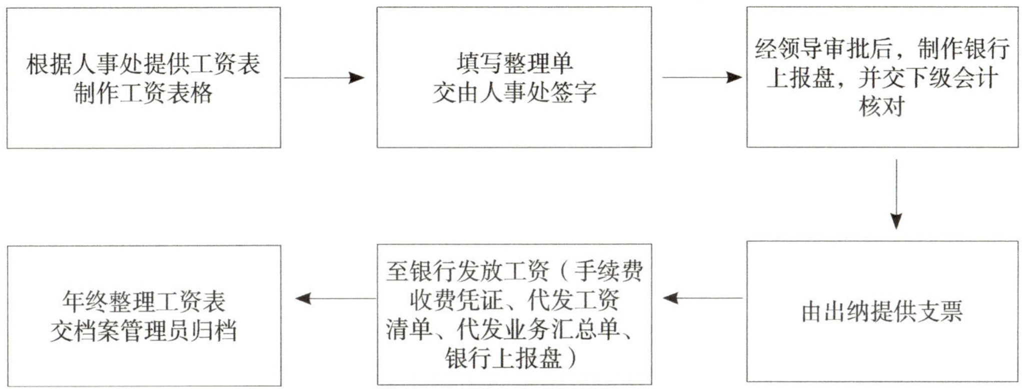

3. 住房公积金月度汇缴流程图（每月 8 日前入账）

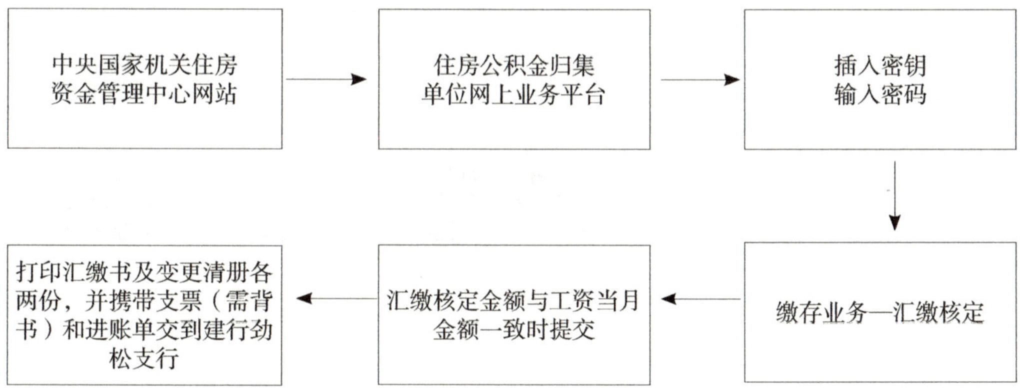

4. 住房公积金封存流程图（退休或转出职工）

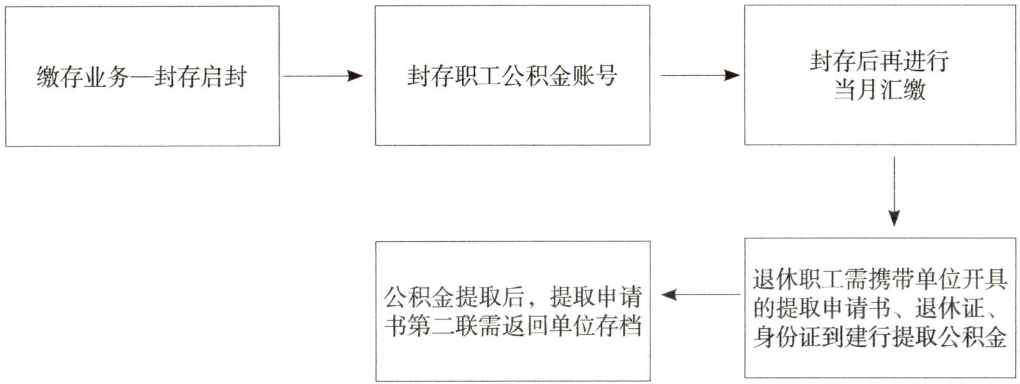

5. 住房公积金开户及开卡流程图（新入职职工）

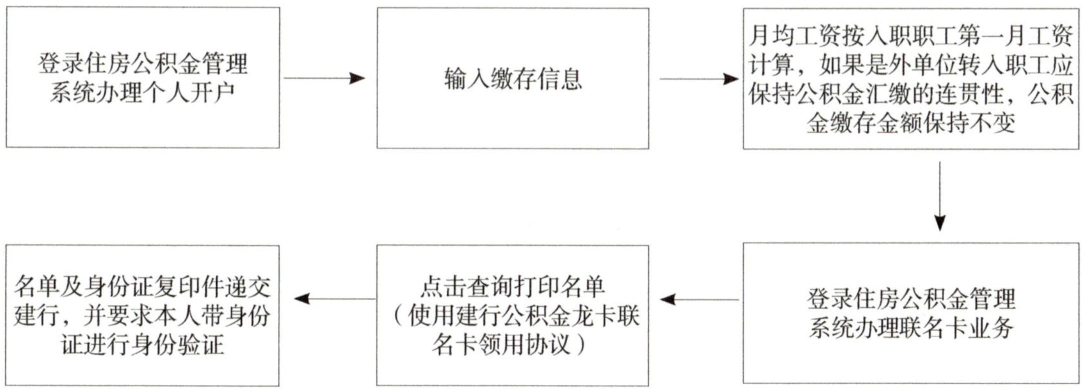

6. 住房公积金月缴存额年度调整流程图（每年 7 月）

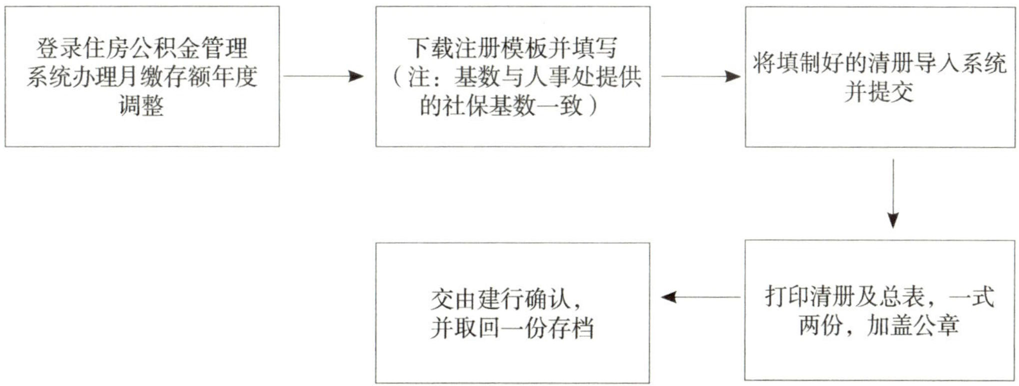

7. 住房公积金提取流程图

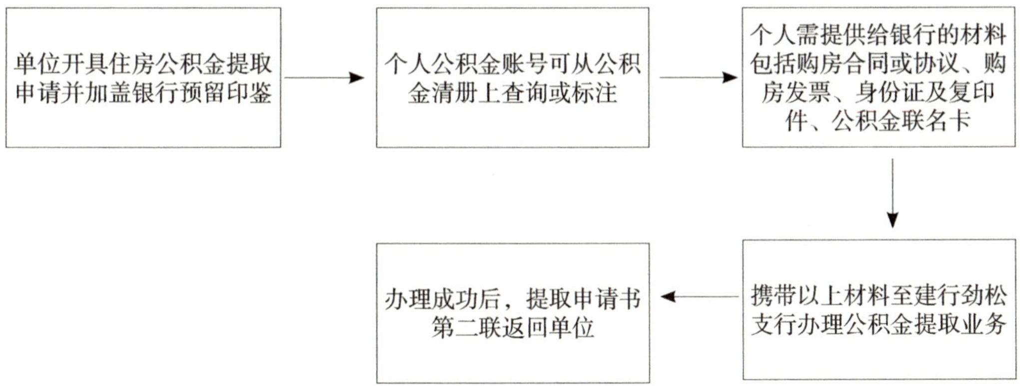

8. 住房公积金约定提取流程图（购房首次提取成功后）

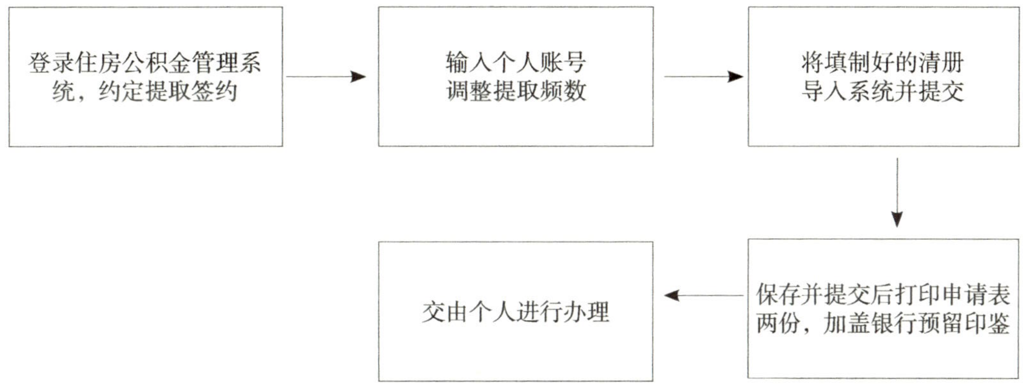

9. 制作工行银行上报盘流程图

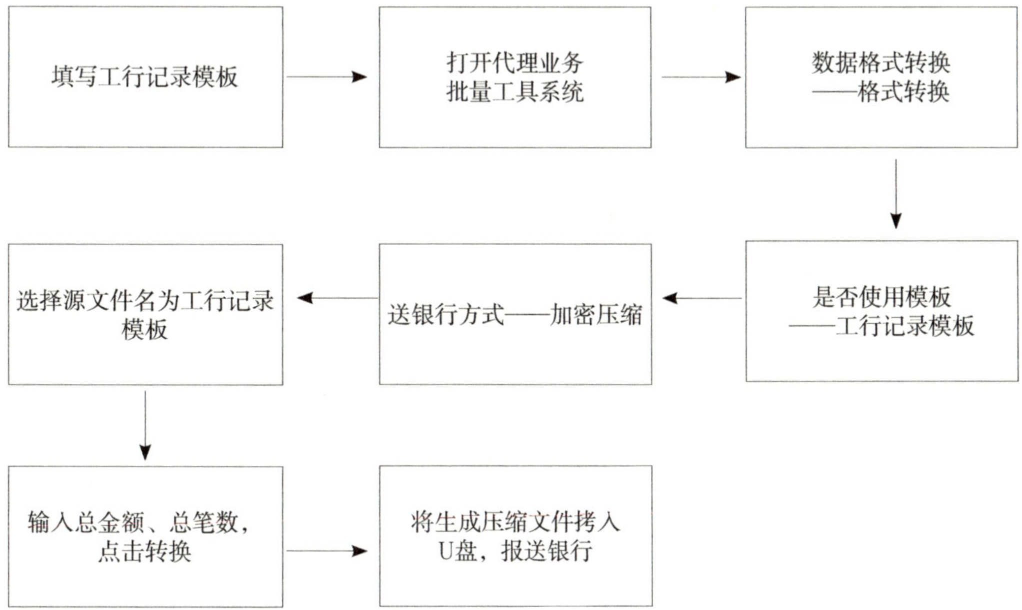

10. 人事系统工资表导入流程图

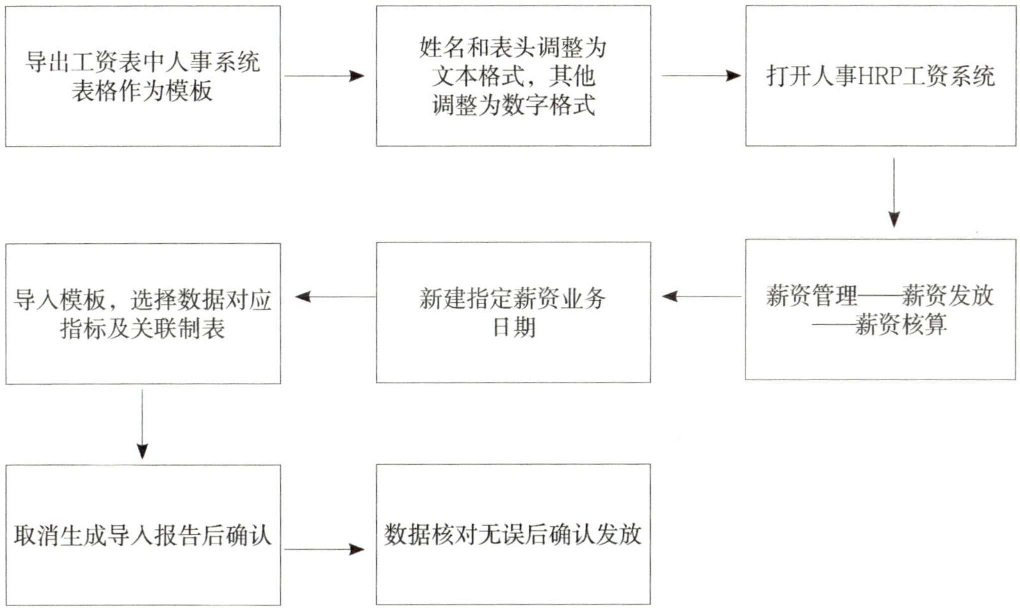

注：1. 每月 4 日、10 日工资分次导入系统，每月最多可以导入 3 次；

2. “六一”“三八”、困难补助不导入系统。

11. 登记工资本及台账等流程图

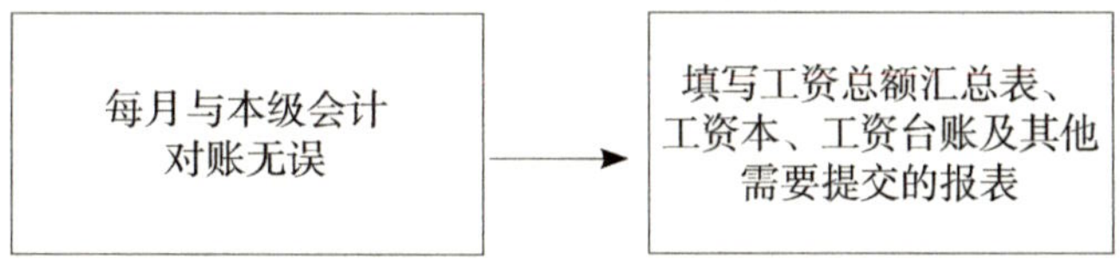

（七）财务档案管理流程

1. 财务处收文管理流程图

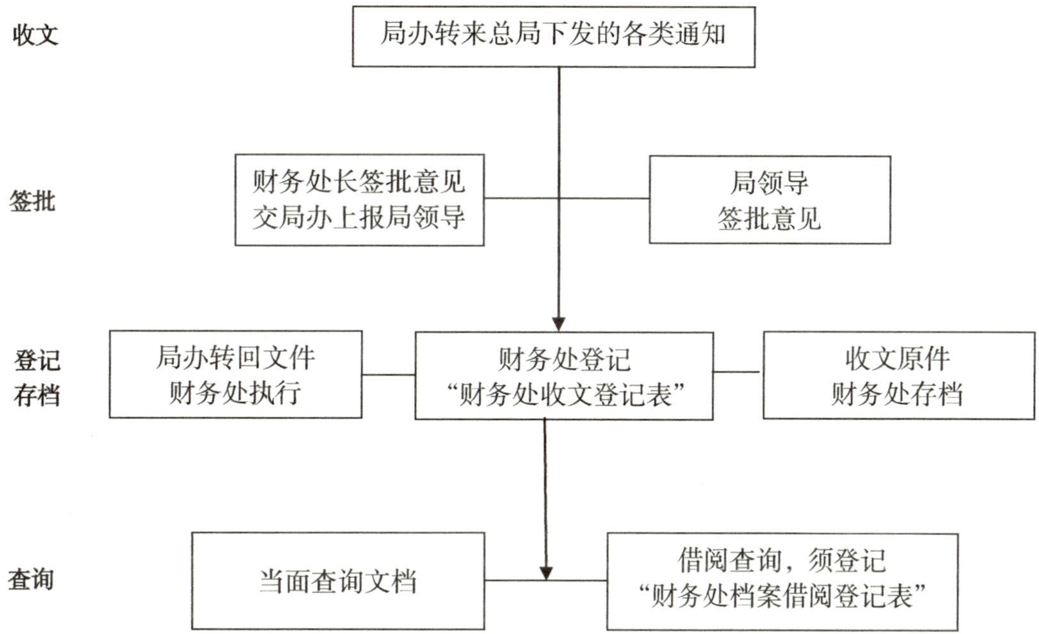

2. 财务处发文管理流程图

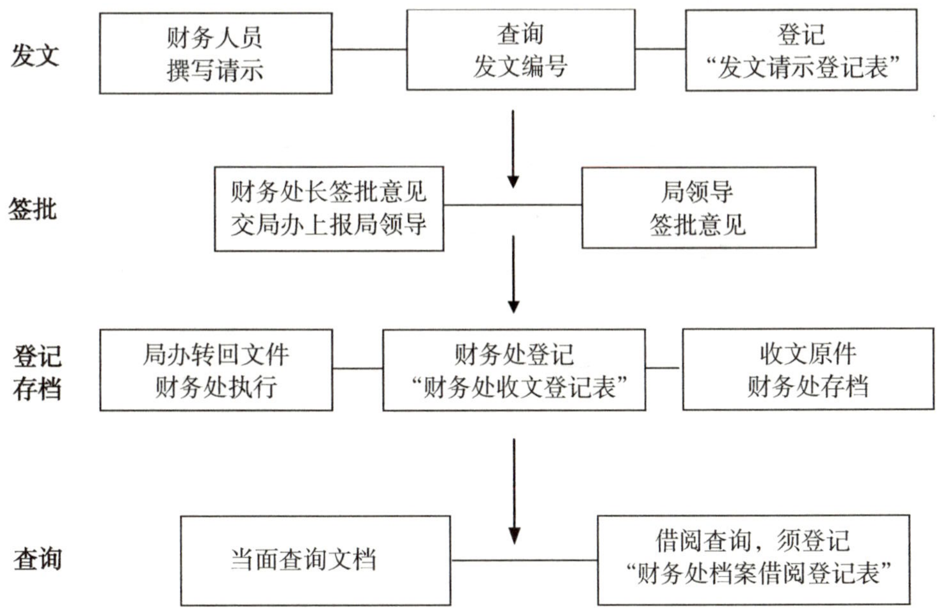

3. 财务处存档管理流程图

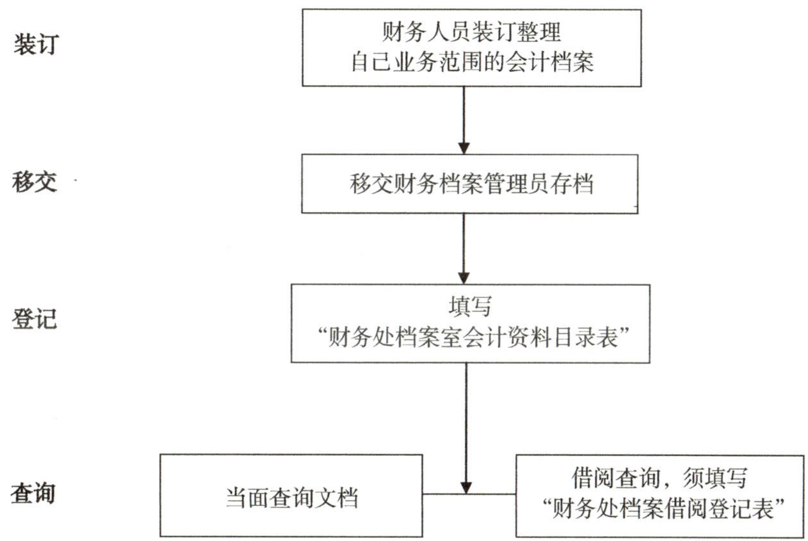

4. 财务处合同管理流程图

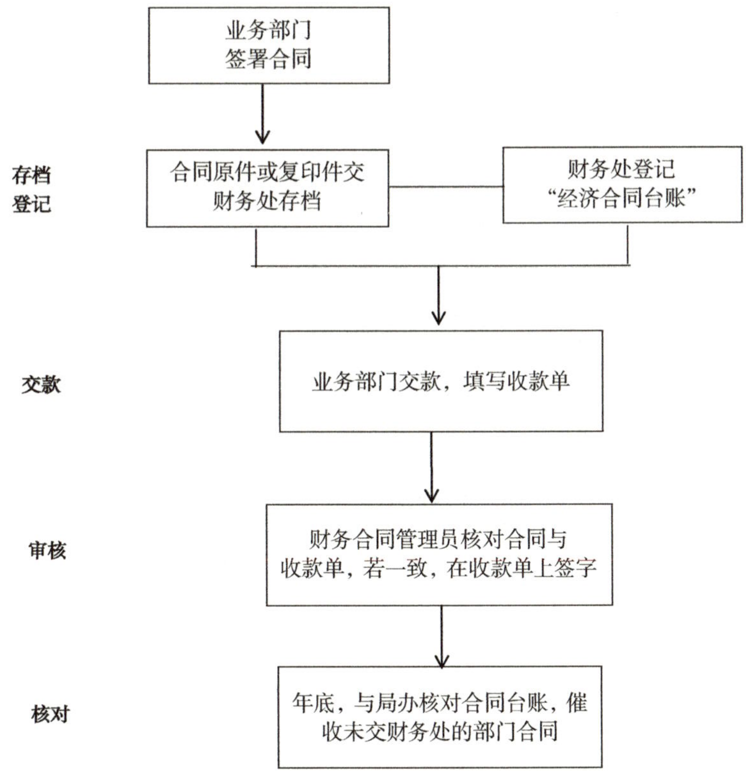

（八）其他工作流程图

1. 财务处开具发票流程图

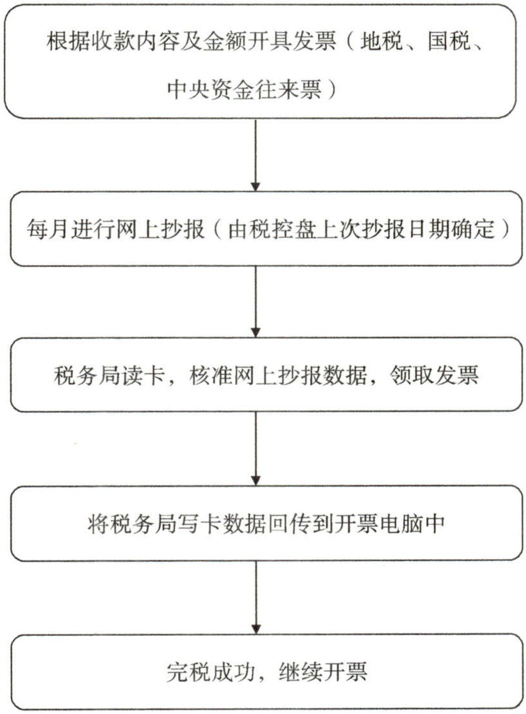

2. 事业本级统计工作流程图

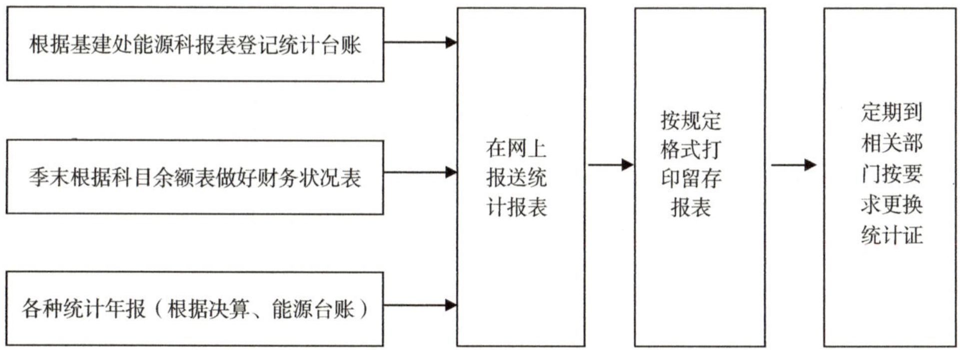

3. 固定资产账实核对流程图

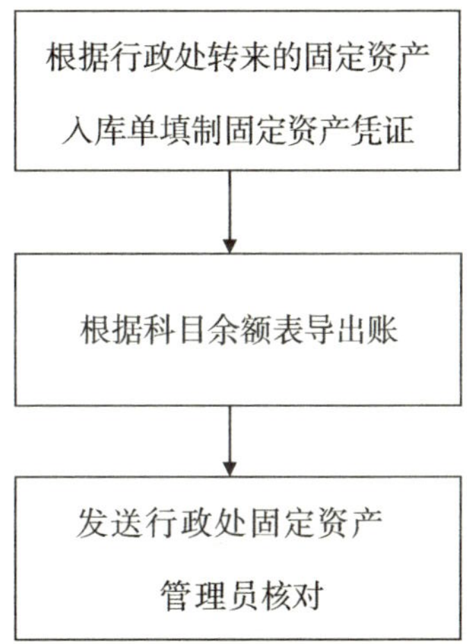

4. “一卡通”财务管理流程图

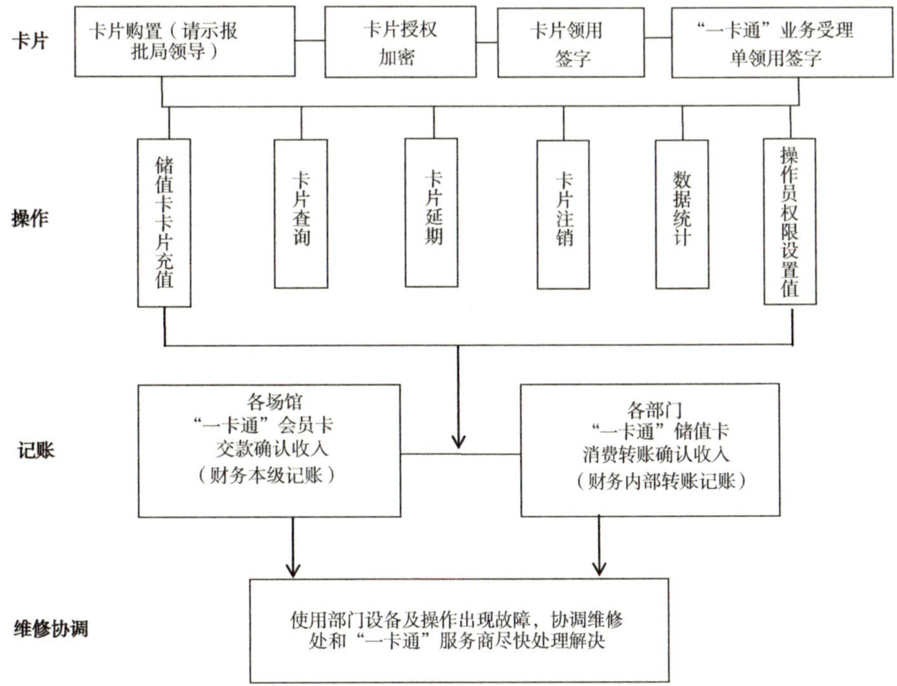

四、当前工作中存在的问题与困难

（一）预算管理有待精耕细作

在预算编制环节，存在粗放管理问题，没有深入一线详细了解部门需求，预算与实际有脱节现象。在预算绩效管理方面，仍停留在简单汇总各业务部门的项目绩效目标，对项目绩效没有进一步细化，没有达到加强财政资金绩效管理、提高资金使用效益的目标。

（二）财务制度有待精准完善

《训练局制度手册》中包含 11 项财务规章制度以及《训练局内部控制手册》，随着这几年政策变化和实际执行中出现的新情况、新问题，在预算编制流程、维修经费申请程序、往来资金管理、单位支出控制标准等方面，需要查漏补缺，对现有规章制度不断修订和完善。

（三）服务意识有待精准推进

财务处在认真落实各项管理规定、坚持原则的同时，没有充分考虑基层的实际情况，服务意识不够，没有积极主动地寻找行之有效的方法，以更好地为运动队服务，为科技助力单位各项事业发展服务。

（四）内控管理有待精准落实

收入管理方面，没有制定对业务部门收入核对的相关规定及细则，可能导致应收未收的风险；合同管理方面，没有与各处室形成有效对接，可能导致合同台账不完整，进而无法做到对合同履行情况进行全面监督；货币资金管理方面，没有形成定期抽查抽盘，日常盘点缺少监盘记录，未形成合理的监督机制规避货币资金的挪用风险。

（五）财务改革有待精准发力

训练局的改革已进入快车道，但长期发展规划方面，财务处仍满足于按部就班搞好日常工作，主动改革意识不强，没有以开放的视野、创新的思路积极谋划和推动财务管理工作。业务方面，2019 年政府会计改革工作全面展开，从以收付实现制为基础的预算会计到以权责发生制为基础的政府会计，这一变革对财务人员是一个巨大挑战。面对种种困难，财务处统筹谋划不够，准备不足，工作推进一度遇到很大困难，需要好好总结经验教训。

（六）政治学习有待精抓到位

财务处每天忙于繁重的财务日常核算，在推动党风廉政建设和反腐败工作方面，没有形成上下贯通、逐级负责、全面落实的完整链条；在政治理论学习方面，存在学习抓得不紧、主动性不高问题，没有真正将“四个意识”落实到财务实际工作中，对执行中央八项规定精神还存在模糊认识，在落实巡视整改、科技助力、优质服务等指示精神方面措施不到位。

（七）队伍建设有待精准培养

财务工作政策性很强，财务人员须熟知各项准则及规章制度，在学习培训方面我们还有待进一步加强。今后需要加强学习和培训，提高业务素质和专业技能，有效促进管理水平与服务质量的进一步提高。

五、精细化管理新举措

（一）加强制度建设，创建长效机制

财务处将继续根据财政部最新政策变化及上级主管部门要求，并结合训练局实际，针对制度执行中出现的新情况、新问题，适时做好制度的修订、新增工作。

（二）抓实预算申报，提高项目支出的计划性

财务处将与资金申请部门充分交流和沟通，加强预算申报阶段的审核，力争 3 年滚动预算编制更准确到位。

（三）强化预算执行，督促支出按计划顺利完成

财务处要认真总结经验教训，创新工作思路，做好预算执行跟踪、分析与反馈，及时研究解决预算执行中的问题，提升保障能力，规范部门预算执行，力争年度预算目标的实现。

（四）加大培训力度，着力提升财务队伍职业素质

财务处将立足于财务人员对新政策、新制度、新业务知识、新管理系统的掌握应用，加强相应的学习和培训，以适应财政改革和全面深化体育改革的需要。

（五）贯穿内控监督，充分发挥内外部审计作用

财务处将坚持问题导向，治已病、防未病，以防为主，防治结合，综合运用内控与外部审计相结合的办法，强化财务监管，及时防范和化解工作中的财务运行风险。

（六）推进信息化建设，优化财务管理手段

结合政府会计改革统一部署要求，财务处充分利用总局不断推出的各类信息化平台，逐步着手财务核算和执行管理的信息化工作，实现财务制度标准化、会计核算自动化、业务流程规范化、数据分析智能化、资金监控实时化，进一步提高财务整体管理精细化和科学化水平。

六、实施精细化管理后的工作目标和预期效果

（一）围绕增强执行力，进一步加强预算监控

财务处严格执行国库集中支付制度，在基本支出与项目支出、人员经费与公用经费、项目与项目之间严格按照年初预算执行，推行全面财务预算，实施全方位财务控制，从预算—分析—调整—

绩效监控的循环中提升单位效率。

（二）围绕增强保障力，进一步加强财务基础

对“三公经费”、差旅费等日常公用经费支出，严格按照规定审核与报销。夯实财务基础工作，提高会计信息质量，把牢报销业务数据入口关，规范会计核算，持续梳理往来款项，确保信息真实准确；加强资金支付管理，保障资金需求，满足训练局事业发展经费的需要。

（三）围绕增强战斗力，进一步加强队伍建设

加强财务人员经常性培训，树立开拓创新、务实高效的部门新形象。

（四）围绕增强管理力，进一步加强内控与制度建设

加强政策保障，健全内控制度，规范业务流程，开展专项检查，防控财务风险。

（五）围绕增强协作力，进一步加强服务实效

坚持求真务实，说实话，算实账，办实事，求实效，牢记宗旨意识，端正服务态度。符合规定的事情，一定要快办、办好，不能办的事情要做耐心细致的解释说明，做到热情服务、优质服务。

财务处将站在长远发展的高度，进一步提高工作效率，牢固树立政治意识、大局意识，认真贯彻党中央八项规定精神，严格

执行国家有关规章制度，进一步面向一线、服务一线，加强沟通，全面推行精细化管理，进一步使财务职能有效发挥，为训练局的改革发展保驾护航。

保卫处精细化管理工作报告

按照《训练局精细化管理体系建设工作方案》的要求，保卫处紧紧围绕贯彻落实习近平总书记关于体育工作的重要论述和指示批示精神，认真落实“不忘初心、牢记使命”主题教育，围绕服务保障奥运备战中心工作，对照“场馆智能化、训练科学化、服务精细化、保障一体化”工作要求，对准目标，查找差距，坚持高标准、高质量，细化和规范保卫处工作流程，形成保卫处精细化管理模式。

一、部门工作职能

保卫处是负责训练局安全管理工作的职能部门。

（1）宣传、贯彻、执行党和国家及上级部门关于治安、消防、安防、安保等安全工作的相关政策、法规。

（2）制定训练局安全相关管理规章制度，并监督、检查各项规章制度的落实与执行情况。

（3）负责训练局治安、消防、安防、安保组织调整和人员的教育培训工作。

（4）负责训练局治安、消防、交通、安防、安保管理工作。

（5）负责训练局内工程安全审核、监督、管理工作，保证工程符合安全管理规范和施工安全。

（6）负责训练局内各种大型活动和比赛活动安全审核、报批及监督管理工作。

（7）负责训练局的维稳工作。

（8）负责训练局内机动车和非机动车的管理。

（9）负责训练局集体户口的管理。

（10）负责对外与公安、消防等部门的联系、协调工作。

（11）承办领导交办的其他工作任务。

二、岗位设置与岗位职责

（一）岗位设置

保卫处岗位设置保卫处处长 1 人、副处长 1 人、内勤主管 1 人、技术防范主管 1 人、治安防火主管 1 人。

（二）岗位职责

1. 保卫处处长岗位职责

保卫处处长负责全面工作，侧重西院的日常管理。

（1）负责对训练局安全管理工作进行监督管理。

（2）召开处务会研究制订全年工作计划、部署工作重点。督促和检查安全工作计划和工作重点的执行情况。

（3）召开处务会，查找工作中的漏洞和不足之处，并进行研究解决。根据实际情况的变化，及时调整工作方案和工作计划。

（4）组织干部进行考察、学习交流，提高干部队伍自身管理水平。

2. 保卫处副处长岗位职责

保卫处副处长协助处长做好各项工作，侧重东院的日常管理，处长不在时，代行处长职责。

（1）积极协助处长做好各项工作，做好日常的管理。

（2）每月组织有关人员对训练局进行安全检查，对构成隐患的部位所属部门及时下发限期整改通知，并监督、检查各类安全隐患的整改。

（3）做好重点时期、重要节假日的安全管理工作；监督检查各部门对安全工作方案和制度的落实情况；抓好安全工作方案、计划和规章制度的落实，督促和检查安全工作计划和工作重点的执行情况。

（4）做好经营创收活动的安全管理工作，根据活动情况制定工作方案，确保各类活动的安全。

（5）建立健全内部安全管理工作路线图。

（6）按工作计划和时间表，依据情况随时修订工作标准。

3. 内勤主管岗位职责

内勤主管负责部门内勤工作，对外协调联系，对内上传下达。

（1）负责部门文件的收发、归档及印鉴管理。

（2）负责部门通知、请示、报告、计划及总结的起草。

（3）负责部门考勤、物品采购计划、合同及赞助物资台账的统计。

（4）负责部门的固定资产管理。

（5）负责训练局机动车车证制证及收费、部门支出经费的管理。

（6）负责训练局集体户籍的管理。

（7）负责搜集、整理有关安全保卫工作的资料。

（8）负责办公室日常值班工作。

（9）完成领导交办的其他工作。

4. 技术防范主管岗位职责

技术防范主管负责治安防范设施、消防电气设施、交通设施等安全设施的管理，侧重东院日常管理工作。

（1）负责熟悉各种技术防范设备性能，正确掌握使用各种技术防范设备的方法。

（2）负责训练局技术防范工作的宣传、指导、监督、协调、培训工作。

（3）负责对训练局安全技术防范系统规划、布局。

（4）负责对训练局技术防范设备的管理、使用、运行情况进行检查，及时做好设备的维护保养，使之保持良好的运行状态。

（5）负责配合公安等相关部门利用电子安防设备侦破、查处各类案件。

（6）完成领导交办的其他事宜。

5. 治安防火主管岗位职责

治安防火主管负责治安、防火工作日常管理，侧重西院日常管理。

（1）负责每天按计划、有步骤地对训练局治安防火进行安全巡查，及时发现、解决隐患。

（2）负责将每次检查情况进行详细记录，重大问题及时向处领导汇报。

（3）负责详细填写隐患通知单，由当事者和部门领导签字。

（4）负责防火、内保安全方面的会议、考评、计划的实施。

（5）负责督促隐患的整改，做到有检查、有落实，有始有终。

（6）完成领导交办的其他事宜。

三、工作标准与工作流程

（一）工作标准

干部队伍专业化、精细化；保卫工作责任化、一体化；
消防管理制度化、常态化；治安管理规范化、智能化；
交通管理科学化、经济化；保安队伍军事化、标准化。

（二）工作流程

保卫处内部管理工作路线如下图所示。

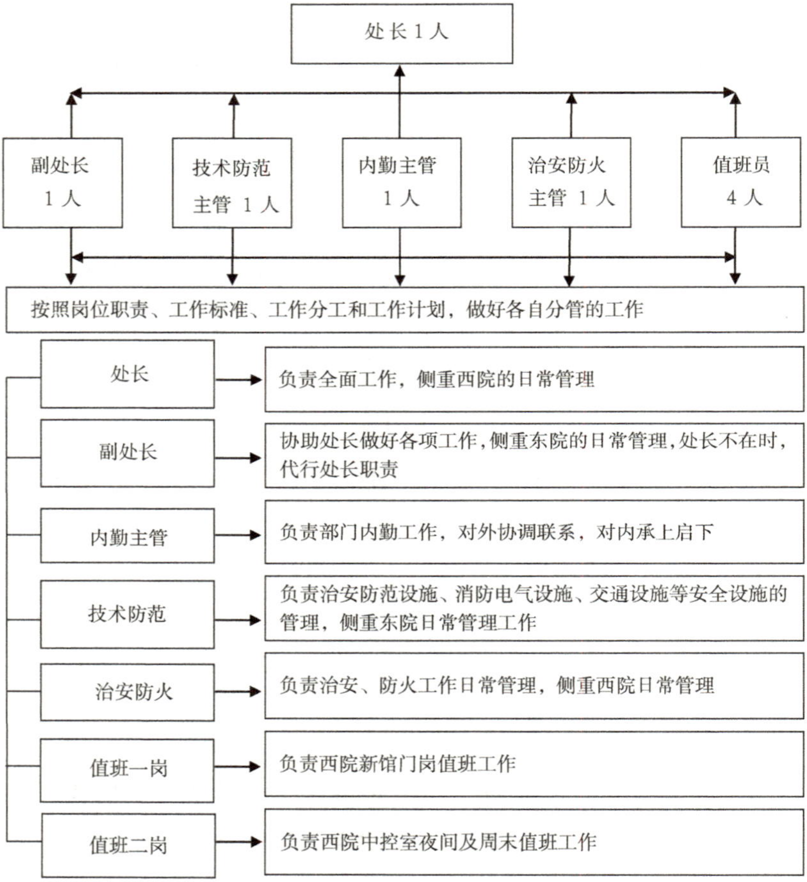

四、当前工作中存在的能够通过精细化管理解决的问题与困难

服务精细化是训练局改革的重要抓手，也是训练局改革的重要内容，保卫处要从服务精细化入手，逐步实现场馆智能化、训练科学化；促进工作由被动服务向主动超前服务转变，由忙于日

常事务向发挥综合效能转变。保卫处通过实施精细化管理，将有效促进保卫处工作专业化、制度化、规范化、常态化、一体化，有利于各项安全工作的落实，能有力地促进消防、治安、交通、安防、安保工作的开展，有利于提高日常落实、监督、管理工作水平。

五、精细化管理新举措

按照训练局“服务精细化”的工作要求，保卫处围绕完善工作程序和流程，安全教育培训和消防、治安、交通设施科学化建设三个方面加强精细化管理。

（一）完善工作程序和流程

保卫处将进一步完善工作程序和流程，精细化地设计落实工作流程（程序）；制作安全保卫工作流程图，保卫处收入管理流程图，机动车车证、出入证办理流程图，动火证、施工安全责任书流程图，东、西院日常管理流程图，各门岗工作程序流程图，消防中控室流程图。保卫处将提高工作效率和服务水平，精细化地构建多人或跨部门协调配合体系。

（二）安全教育培训

1. 强化安全意识和“四个能力”培训

保卫处针对职工开展的安全教育只限于教育培训课或消防运动会的形式，对强化安全意识的形式不够精细化，对职工的“四个能力”培训不足，应从以下方面强化培训职工的“四个能力”。

（1）检查消除火灾隐患能力（四查四禁）：查用火用电、禁违章操作；查通道出口、禁堵塞封闭；查设施器材、禁损坏挪用；查重点部位、禁失控漏管。

（2）组织扑救初起火灾能力：发现火灾后，部门人员 30 秒内形成第一次灭火力量（第一梯队）；火灾确认后，单位人员 1 分钟内形成第二次灭火力量（第二梯队）。

（3）组织人员疏散逃生能力（两熟悉两掌握）：熟悉疏散通道、熟悉安全出口，掌握疏散程序、掌握逃生技巧。

（4）消防宣传教育培训能力（三要一掌握）：要有消防宣传人员、要有消防宣传标识、要有全体培训机制，掌握消防安全常识。

2. 部门教育培训、业务水平方面

部门人员配置老龄化，没有形成梯队。业务培训也停留在内部学习，没有“请进来”“走出去”的教育培训；加强业务学习和能力提高，切实发挥管理干部在安全保卫工作中的积极性和主动性；进一步督促、加强对保安队伍的教育与培训，提高保安队伍的政治素质和业务素质，增强主人翁意识，树立保卫队伍的整体良好形象。

（三）消防、治安、交通设施科学化建设

训练局的安防设备（视频监控设备、消防报警设备、消防联动设备等）、交通管理设备技术落后，设备老化严重，影响训练局服务保障科技化进程，保卫处将逐步对安防、消防、交通设施进行科学化建设。

六、实施精细化管理后的工作目标和预期效果

保卫处将按照“守初心、担使命，找差距、抓落实”的总要求，完成训练局保备战、促备战、强备战的总体目标；为推进训练局精细化管理体系建设，形成一整套高效务实的安全保卫工作管理运行模式。

离退休干部处精细化管理工作报告

围绕党和国家以及体育总局关于离退休干部工作的意见、方针和政策，按照《训练局精细化管理体系建设工作方案》的要求，为进一步加强和改进离退休干部工作，根据训练局离退休工作实际，现就离退休干部处推进精细化管理建设工作报告如下。

一、部门工作职能

离退休干部处是负责训练局离退休人员管理及服务工作的职能部门。

（1）负责宣传、贯彻、执行党和国家及上级部门关于离退休干部工作的相关政策、规定。

（2）负责制定符合训练局实际的离退休干部工作管理规章制度。

（3）负责离退休人员党组织建设，做好离退休干部思想政治工作。

（4）负责离退休人员的走访慰问活动，协助有关部门合理解决其实际问题。

（5）负责老干部活动中心的服务管理工作，开展适合离退休人员的文化体育娱乐活动。

（6）负责组织离休干部的健康疗养工作。

（7）协助有关部门落实离退休人员的福利待遇、医疗保健工作。

（8）协助离退休人员的家属做好丧葬和善后工作。

（9）负责训练局离退休人员信访接待及答复工作。

（10）承办领导交办的其他工作。

二、岗位设置与岗位职责

（一）岗位设置

根据实际工作需要，离退休干部处设置离退休干部处处长 1 人、副处长 1 人、医疗福利主管 1 人、党群建设主管 1 人、文体活动主管 1 人、综合业务主管 1 人及综合管理干部 1 人，全面开展各项工作。

（二）岗位职责

1. 离退休干部处处长岗位职责

（1）负责本部门的业务和行政管理工作，制订工作计划和各项规章制度并监督执行。

（2）负责“上情下达、下情上传”工作，经常向领导汇报老同志的思想动态、身体状况、特殊困难、待遇落实、工作进展等情况，并根据有关方针、政策规定，向局领导提出具体的建议和意见。

（3）做好与上级业务部门的沟通联系，负责协调与局内外各有关部门的工作关系，齐抓共管，切实做好离退休人员的管理和服务工作。

（4）负责本部门职工的管理教育、业务学习，提出使用和奖惩建议。

（5）负责管理本部门经费、设备和物资。

（6）完成上级领导交办的其他工作。

2. 离退休干部处副处长岗位职责

（1）在正职领导下，协助开展本部门工作，做好分管业务。

（2）完成上级领导交办的其他业务。

3. 医疗福利主管岗位职责

（1）认真贯彻党和国家各项方针、政策，严格执行上级有关制度、规定，努力落实离退休人员医疗福利待遇。

（2）负责医疗保健、医药费报销工作。

（3）负责医疗政策咨询、解答，组织年度健康体检和宣传医疗保健知识。

（4）负责老运动员、老教练“关怀基金”的申报及享受医疗照顾人员的医疗照顾等工作。

（5）负责离休人员服务管理工作。

（6）协助相关部门落实离休干部有关政策待遇。

（7）负责重大节日走访慰问离休干部。

（8）协助有关部门做好离休干部医疗保障服务，组织离休干部健康疗养。

（9）调查并掌握离休干部的身体、生活及家庭等方面情况，及时反映他们的意见和要求，帮助他们解决实际问题。

（10）完成领导交办的其他工作。

4. 党群建设主管岗位职责

（1）负责党的理论方针政策等的学习、宣传工作，做好党员学习、活动的组织和宣传。

（2）负责党员管理，党员档案、信息的整理、更新工作。

（3）负责党务工作的制度建设和年度计划，做好党建工作。

（4）掌握了解党员和群众的思想动态，协助做好党员教育和党员群众思想教育工作。

（5）负责做好党费收缴、党员组织关系的接转工作。

（6）负责落实离退休人员的各项政治待遇，具体负责离退休人员的政治理论学习、阅读有关文件、收听重要报告、会议精神传达、工作情况通报、春节团拜、座谈会等各种活动的准备和组织工作。

（7）负责离退休党支部的日常党务工作及宣传工作，并为离退休党员开展活动、组织生活做好学习材料、相关文件等各项准备和组织工作。

（8）负责组织落实“五必访”工作。

（9）会同有关部门认真做好离退休人员的丧事及善后处理工作。

（10）协助完成信访接待工作。

（11）完成领导交办的其他工作。

5. 文体活动主管岗位职责

（1）依据部门现有设施和条件负责离退休人员各类文体活动的组织、服务工作。制订年度文体活动计划，组织积极向上和有益于离退休人员身心健康的各项文体娱乐活动。

（2）负责离退休人员外出参观学习、娱乐活动的各项准备、组织和服务工作。

（3）负责组织、开展和管理各类文体娱乐培训活动。

（4）负责组织离退休人员参加有关单位开展的棋牌、球类、书画、文体等项目比赛活动的组织、服务工作。

（5）完成领导交办的其他工作。

6. 综合业务主管岗位职责

（1）认真贯彻党和国家关于离退休干部工作的方针、政策；严格执行有关制度、规定；全面落实离退休人员生活待遇。

（2）负责部门行政事务、后勤服务保障及综合协调工作。

（3）负责部门工作计划、工作总结、信息简报、综合材料的起草和上报工作。

（4）负责部门工作会议的准备、协调、记录工作。

（5）负责离退休人员的走访慰问工作，了解掌握老同志的身体状况及学习、思想、生活等情况，对生活上确有困难的老同志要及时向处领导如实反映。

（6）负责离退休人员慰问方案的起草，慰问品及相关物品的采购计划、管理以及各种款项及物品的领发工作，并完善领发手续。

（7）负责代表或陪同局领导探望住院老同志的慰问工作，努力协助其家属办理支票领取、报销等事宜。

（8）负责“离退休人员信息库”的建立、升级和维护工作，及时补充、更新信息库的内容。

（9）负责接待和处理离退休人员的来信来访工作。

（10）负责部门经费的申报、管理工作。

（11）完成领导交办的其他工作。

7. 综合管理干部岗位职责

（1）负责本处文秘工作，认真做好各类文件、请示、报告、通信、总结等材料的起草、打印、收发、整理、归档、保管工作及本处各类报表的统计、上报、存档工作。

（2）办公室日常管理工作。

（3）负责本部门办公用品和设备的购置和管理工作，以及固定资产的登记造册、使用管理、日常维护及报废处理工作。

（4）负责本部门消防安全、设施设备的维护报修工作。

（5）负责本处年度各类报纸杂志的征订，离退休人员有关证件的更换及信件和邮件的传递等具体事宜。

（6）协助综合业务主管做好离退休人员的日常联系、节日慰问等工作。

（7）完成领导交办的其他工作。

三、工作标准与工作流程

（一）工作标准

（1）严格落实党和国家及体育总局、训练局关于离退休人员工作的政策方针。

（2）遵守训练局各项规章制度，维护离退休人员队伍和谐稳定。

（3）服务态度端正，做到文明用语，耐心听讲，认真受理，服务周到。

（4）分工明确，责任到人。建立首问责任制，做到有问必答、礼貌热情、办事高效。

（5）离退休人员及党员信息统计翔实、准确，更新及时。

（6）制订工作计划，详细、可行。

（7）加强政治理论、老年文化、政策知识的学习，不断提高思想水平和服务能力。

（8）定期组织对工作人员的培训，深入离退休人员群体、社会养老机构、机关事业单位等开展调研。

（二）工作流程

根据每一项工作内容制定简单、清晰明了的工作流程，在扁平化工作管理模式、首问责任制管理方式下确保人人熟悉工作流程、人人能上手工作。

1. 具体工作流程

综合业务方面：公文运转、固定资产购买报废、走访慰问等流程。

医疗福利方面：医药费报销、健康体检、离休人员健康疗养等流程。

文体活动方面：文体活动组织程序等。

党建方面：党员活动、党费收缴、党员组织关系接转等方面流程。

2. 工作流程图

（1）流程 1：走访慰问流程。

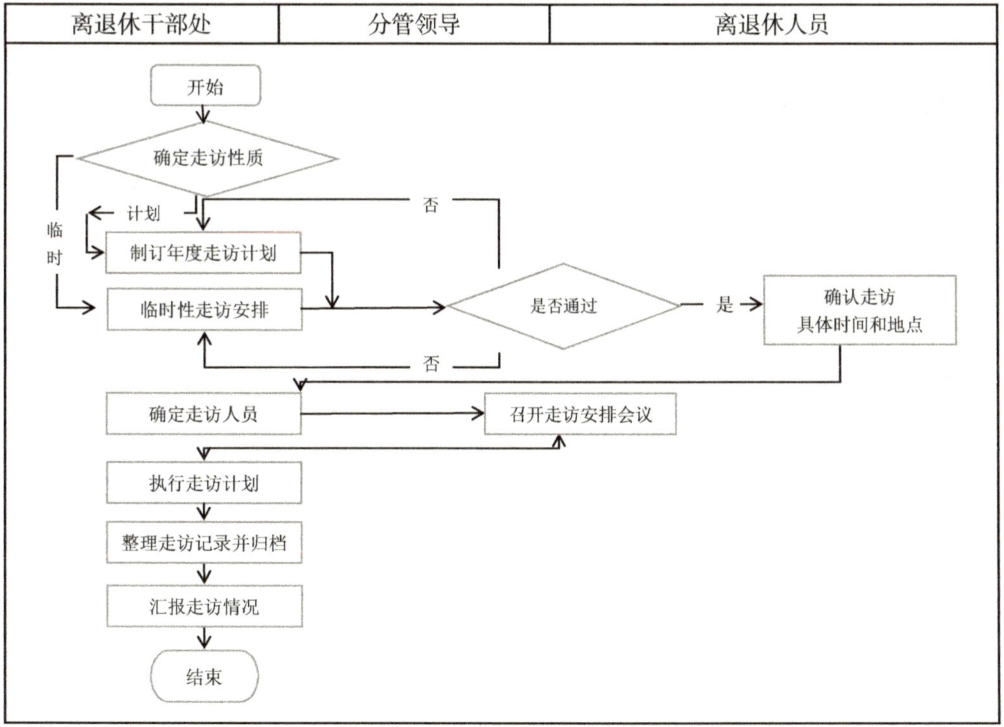

（2）流程 2：节日慰问品采购流程。

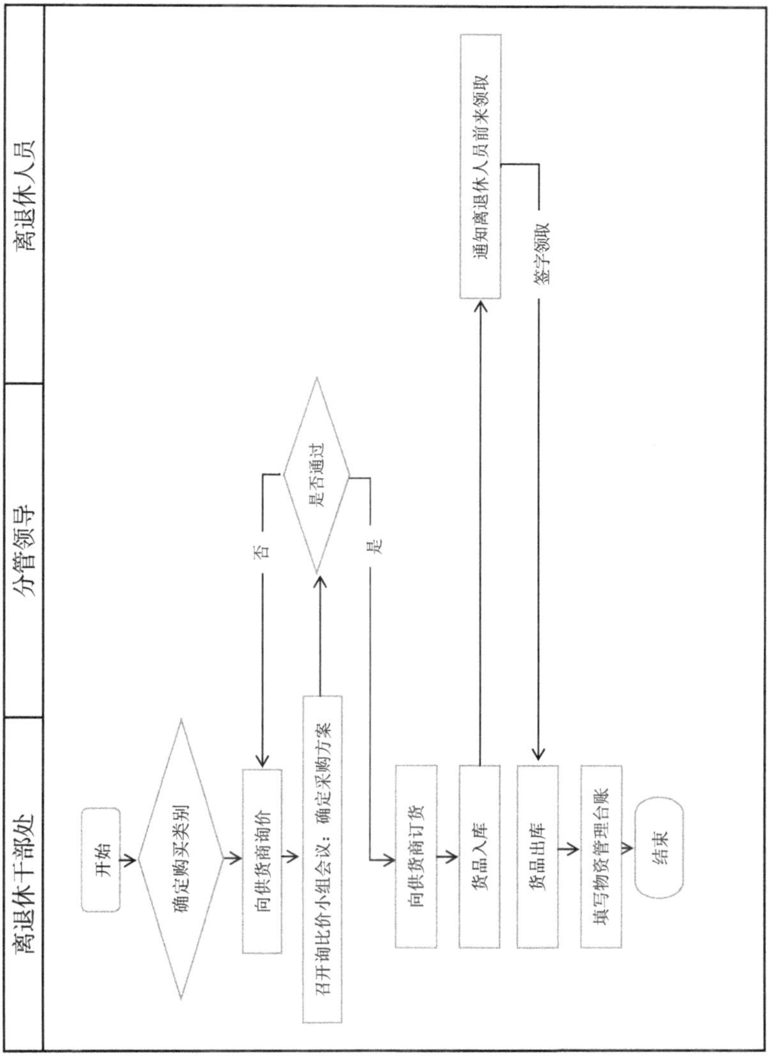

(3)流程3：组织医药费用报销流程。

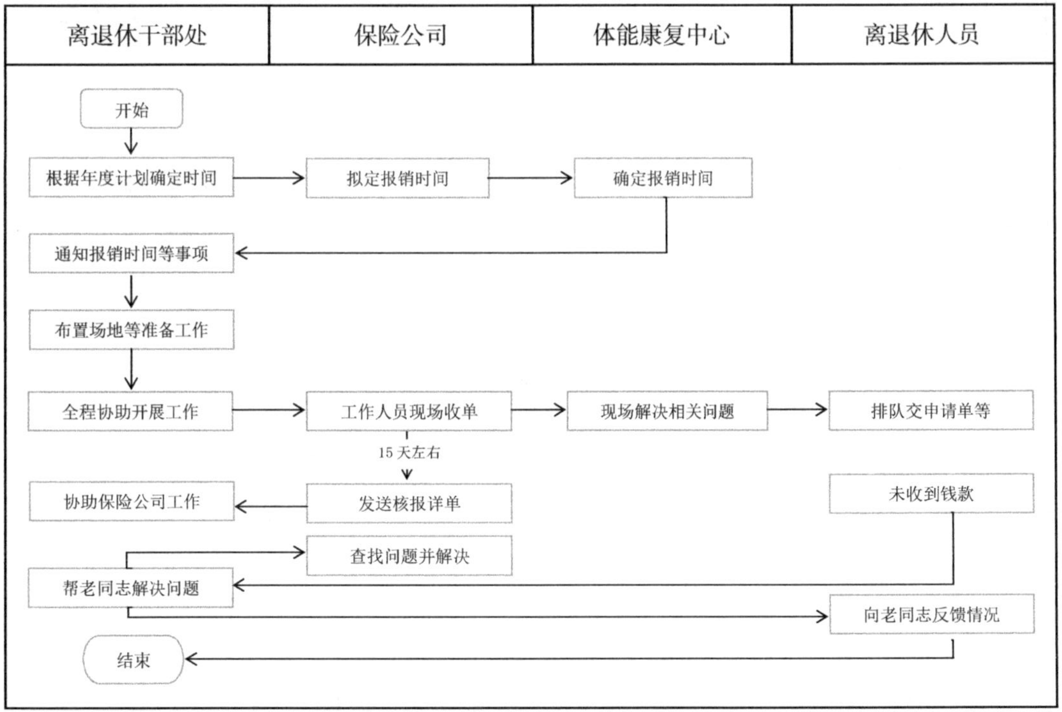

（4）流程 4：组织集体外出活动流程。

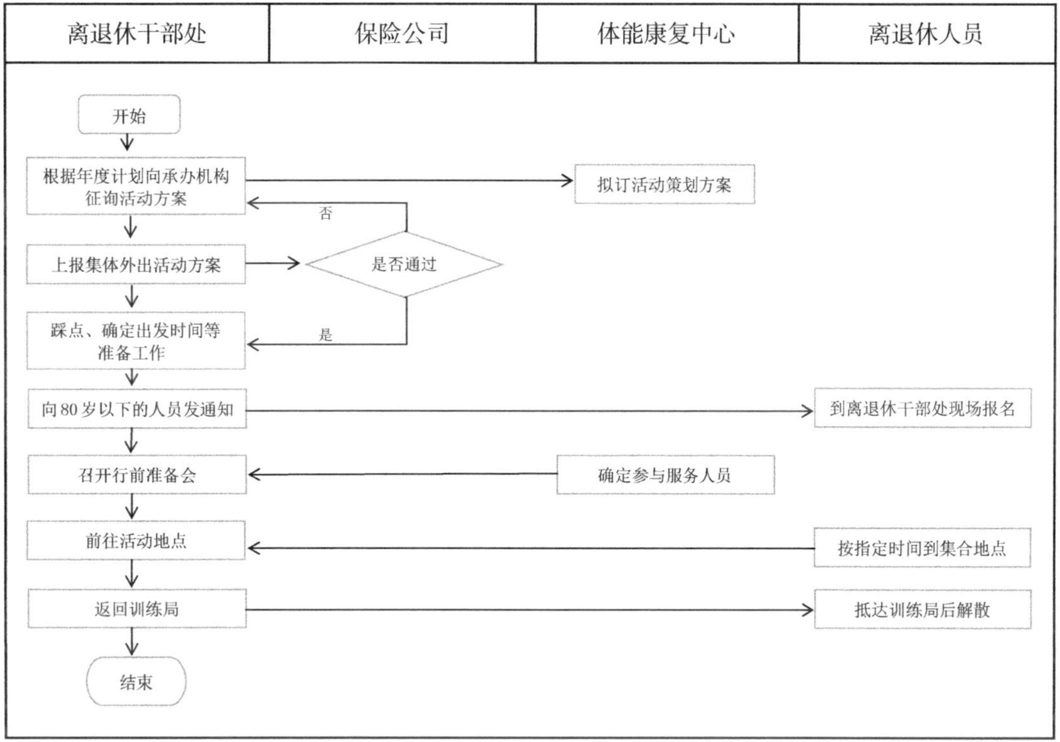

（5）流程 5：开展党组织活动流程。

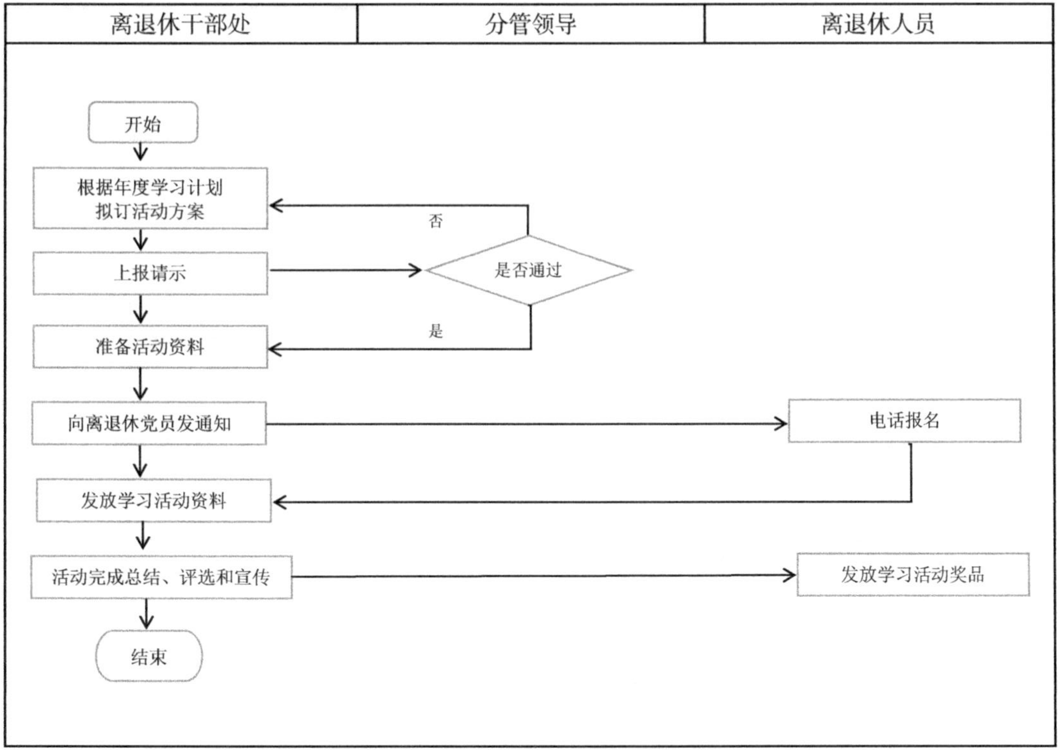

四、当前工作中存在的能够通过精细化管理解决的问题与困难

（一）人员信息的管理和维护

离退休人员已经接近460人，需要信息不仅涉及个人的基本情况，还需采集家庭、子女信息，甚至养老机构、个人兴趣爱好等。目前离退休干部处人员信息仅仅依靠Excel表格进行管理和维护，工作量大，并且存在一定的误操作、查看不便、每个人手中信息不一致等情况，给精细化工作开展带来不便。

（二）信息通知与传达

活动通知、信息传达是离退休干部处的一项基本工作内容。目前有专门的通知软件，依靠短信的方式进行，但缺少实时互动和反馈。

（三）工作流程

离退休干部处工作流程没有明朗化，不利于扁平化和首问责任制管理方式的落实。

（四）部门作用

离退休人员来自训练局各个部门，离退休人员工作需要原部门的支持与帮助。但目前局内各部门之间的配合力度有待进一步加强。

（五）文体活动

训练局离退休人员较多，作为从体育行业退休的人员对体育健身活动有更高的认识和很大的需求，但老干部活动中心场地较小，给文体活动的开展带来不便。

（六）党支部建设

第九党支部现有 214 名离退休党员和 6 名在职党员，由于党员人数较多，开展工作难度较大。同时，候鸟养老文化普及，给党员活动带来不便。

五、精细化管理新举措

根据训练局离退休干部工作实际和开展工作存在的问题、困难，离退休干部处拟推进以下工作。

（一）加强组织领导

（1）成立训练局离退休干部工作领导小组。

领导小组：

组　长：罗超毅

副组长：陈国荣、孙晓晔、曲爱慧、周秋瑞

组　员：各处主要负责人

领导小组下设工作办公室：

办公室负责人：康恺

办公室成员：陈雪立、傅江航、陆艺、夏丹、李璇宇、王文燕

领导小组工作职责：负责宣传与贯彻党和国家及体育总局关于离退休干部工作的方针、政策；负责训练局离退休干部工作重大政策的讨论和制定；协调研究解决离退休干部工作中的热点、难点问题和重要事项。

（2）建立离退休干部工作部门联合机制。

离退休人员来自训练局的各个部门，离退休人员工作需要各个工作部门的支持和帮助。训练局各个部门应积极发挥对原部门退休人员的关怀和慰问作用，特别是退休后返聘人员的教育、管理和关怀工作。鼓励原部门定期或不定期开展以走访、座谈等方式为主的慰问活动。在政策允许的情况下以座谈会等方式开展对即将退休人员的欢送。

离退休干部处全面负责离退休干部工作的落实和协调。

人事处负责离退休人员的档案管理、信息对接等工作。

财务处负责离退休人员的各项资金发放、医疗费用二次报销等工作。

行政处负责局属且无物业家属楼维修事宜的报修等工作。

基建维修处负责局属且无物业家属楼的维修工作。

保卫处协助局内重大离退休人员活动的现场管理和安保工作。

体能康复中心协助重大离退休人员活动的医疗保障工作。

当发生信访等事件时，保卫处及信访人原工作部门等应积极协助离退休干部处做好接待、解释、答复、落实等工作。

（二）信息化、规范化建设

思路创新，加强离退休工作调研和自身建设，以信息化、规范化为手段，不断提高精细化、精准化服务水平。

1. 深入调研

随着老龄化的加剧，养老产业的蓬勃发展，个体差异化、个性化、多样化需求的提升，应深入养老机构、政府及其他企事业单位，对离退休人员群体等进行调查研究，充分结合训练局离退休干部处的实际情况，借鉴、引进新的工作理念、新的工作方式、新的活动内容等。

2. 信息化建设

互联网已经深刻改变了人们的生产和生活方式，提高了人们的工作效率和质量。推动信息化与离退休干部工作的融合，利用“互联网 +”、大数据等技术，建设微信公众号等信息化平台，搭建离退休人员信息库、离退休党员信息库及精准服务信息库（节假日慰问、生日祝贺、特殊需求提醒等）。实现网络通知、信息发布；实现工作人员和离退休人员的实时互动；实现离退休人员基本信息实时查询、动态管理和精准服务等。

3. 规范化管理

根据离退休干部处的部门职责，全面梳理岗位职责和人员调配。根据部门职责制定、修改、完善涉及面广的部门工作制度（如工作人员守则等）。

根据岗位职责制定更加具体的工作制度和工作流程，并根据实际情况和变化及时调整。在管理方面实行扁平化管理模式，在分工合作的同时全体人员要全面了解并能胜任部门各项工作。

（1）综合业务方面，制定离退休人员信息管理、档案管理、固定资产管理、经费管理、走访慰问等方面的管理办法。

（2）医疗福利方面，制定离休人员管理、医药费报销等方面的制度。

（3）文体活动方面，制定老干部活动中心管理、门球场管理等方面的原则和管理办法。

（4）党建方面，制定党员管理、党员活动、党员学习等方面的制度。

（三）党支部建设

经训练局党委办公室请示体育总局直属机关党委，建议训练局按相关要求设立1个在职党员党支部和多个离退休党员党支部。

按照“居住相对集中、人数相对均衡、方便教育管理”的原则，进行设置及人员编组，方便灵活开展党员管理和党支部活动。同时，加强离退休党支部委员队伍建设，挑选政治意识强、服务意识高、群众威望高的同事担任支部委员。根据相关文件精神，对支部书记、支部委员给予一定数额的工作补贴，充分调动离退休人员参与党员学习、教育、活动的积极性。

（四）召集成立训练局敬老助老志愿者服务团队

截至目前，离退休人员有近460人，而工作人员仅有7人。为更好地为离退休人员提供优质服务，发挥训练局的优良传统，由训练局团委召集成立敬老助老志愿者服务团队，团队由团委和离退休干部处共同管理。

志愿者来源：训练局各部门职工，争取每个部门均有参与。

志愿者团队活动内容如下。

（1）协助离退休人员活动的组织和管理。

（2）协助离退休人员关怀慰问物品的搬运、发放和现场秩序的维护。

（3）积极参与离退休人员节假日、特殊日期的慰问走访，向离退休人员介绍原工作部门的新情况、新变化。

通过志愿者团队体现训练局、原部门对离退休人员的关怀。

（五）积极开展便民活动

以“展示阳光心态、体验美好生活、畅谈发展变化”为主要内容，积极开展便民活动。

（1）依托离退休干部处的现有条件，通过功能调整、局部改造等方式建设离退休人员阅览学习、党员活动、辅助健康理疗等综合服务室。

（2）充分利用现有门球场，积极组织门球二队，利用现有条件促进离退休人员健身活动，丰富离退休人员生活。

（六）为民办实事

针对训练局自管、未实行物业服务社会化的局属家属楼，为切实解决训练局老同志维修难的实际困难，与基建维修处、行政处共同探讨制定公共维修、有偿入户维修和其他有偿维修原则及标准。

（七）加强人员培训，改进工作作风，提高服务水平

借岗位、人员调整，重新进行工作分工、梳理各岗位职责之际，要求全体干部职工主动适应新时代、新任务、新要求，强化政治责任，树牢服务意识。加强对工作人员的培训力度，加强礼仪、传统教育、老年文化、养老产业及党的理论知识的培训和学习，不断提高责任意识、服务意识和服务水平。

六、实施精细化管理后的工作目标和预期效果

离退休干部处将在《训练局精细化管理体系建设工作方案》的指导下，坚持实事求是，精准谋划落实；通过进一步明确岗位职责和分工协作原则，规范工作程序，多元化开展服务；加强培训和深入调研，进一步提高离退休干部处工作的精准化服务意识、服务水平和服务质量，推动“老有所为、老有所学、老有所乐”，让离退休人员切实感受到党和国家以及训练局的关爱和温暖，为党和人民的事业增添正能量。

训练保障处精细化管理工作报告

一、部门工作职能

训练保障处是负责为驻局运动队提供训练保障服务工作的业务部门。

（1）负责宣传、贯彻、执行党和国家及上级部门关于国家队训练保障工作的相关政策、法规。

（2）负责制定训练局训练保障场馆设施、训练场地使用的相关管理规定，并监督、检查各项规章制度的落实与执行情况。

（3）负责场馆设施设备，训练场地、器材的管理工作。

（4）负责运动队对场馆训练保障工作意见、建议的收集汇报及整改工作，配合各运动项目差异化训练需求，完成驻局国家队训练服务保障任务。

（5）负责制订、开展全民健身活动计划，在保障运动队正常训练的前提下，对外开放场馆，进行经营创收，并为全民健身活动提供服务。

（6）负责本部门合同台账、固定资产日常管理工作。

（7）承办领导交办的其他工作。

二、岗位设置与岗位职责

（一）岗位设置

训练保障处设置训练保障处处长 1 人，副处长 1 人，训练保障一科科长 1 人，训练保障二科科长 1 人，训练保障三科科长 1 人，综合服务科科长 1 人，场地管理员、值班员、教练、机房管理员、救生员、保洁员、资产管理员、收银员若干人。

（二）岗位职责

1. 训练保障处处长岗位职责

（1）负责本部门运动队服务保障和行政管理工作，制定工作计划、工作指标和各项规章制度并监督执行。

（2）负责本部门运动队训练场地、器材、时间的保障工作，协调运动队的各种需求并提供优质服务。

（3）负责本部门场地器材、卫生清洁、安全保卫及场馆设施的管理。

（4）负责本部门经费的使用计划及器材、设备、物资的购置、维修、报废的管理。

（5）负责本部门经营创收的组织管理和财务管理工作，完成上级下达的经营任务和指标。

（6）负责本部门职工的管理教育、业务学习，提出使用和奖惩建议。

（7）负责管理本部门经费、设备和物资。

（8）完成上级领导交办的其他工作。

2. 训练保障处副处长岗位职责

（1）在正职的领导下，协助开展本部门工作，做好分管业务。

（2）完成上级领导交办的其他业务。

3. 训练保障一科、二科、三科科长岗位职责

（1）在处长、副处长领导下负责科室全面工作，制订科室工作计划、工作落实方案和规章制度。

（2）负责所辖场馆对运动队的各项训练保障工作，确保训练场地、器材、设施、设备的正常使用，满足运动队提出的训练需求。

（3）负责所辖场馆的安全工作，排查安全隐患，保证场馆安全运行，维护场馆安全秩序。

（4）负责所辖场馆的卫生工作，确保场馆卫生清洁，监督管理社会化服务保洁质量。

（5）负责所辖场馆场地器材及附属设施、设备的使用、维护、保养、购置，固定资产管理工作。

（6）负责本部门职工、外聘人员、社会化人员的管理工作，包括思想教育、日常管理、业务培训、各项规章制度的贯彻落实和廉政风险防控管理工作。

（7）在保障运动队训练和场馆安全的前提下，负责所辖场馆的对社会开放工作，提供全民健身服务，做好相关管理，完成创收任务。

（8）负责完成领导交办的其他工作。

4. 综合服务科科长岗位职责

（1）在处长、副处长的领导下负责科室全面工作，制订科室工作计划、工作落实方案和规章制度。

（2）负责本处室公文处理工作，包括公文起草、登记、运转、督办。

（3）负责本处室预算申请和执行工作。根据工作需要编制、申请年度预算，配合财务处、行政处做好预算的执行和管理工作。

（4）负责本处室固定资产统筹管理工作。

（5）负责本处室经费使用的统筹管理。

（6）负责训练器材、场馆设备、办公设备维保维修的统筹管理工作。

（7）负责本处室工作宣传、考勤统计、职工服务等工作。

（8）负责规范经营创收秩序，完善工作制度。

（9）负责本部门职工的管理工作，包括思想教育、日常管理、业务培训、各项规章制度的贯彻落实和廉政风险防控管理工作。

（10）负责完成领导交办的其他工作。

三、工作标准、工作内容与流程

（一）场馆卫生管理

1. 工作标准

（1）场馆各区域、场地、器材，要求做到无灰尘、无污迹、无水渍、无汗渍、无异味、无堵塞、无垃圾杂物，物品摆放整齐。

（2）水质场馆无结露滴水，泳池内池水清晰、无异物、无青苔。

（3）场馆内空气清新，无腐化、无潮湿、无虫害滋生地。

（4）场馆外围区域无建筑垃圾、无积水污物，临时堆放物品摆放整齐。

2. 工作内容与流程

（1）场馆卫生工作由社会化保洁服务机构和场馆工作人员完成，训练保障处负责指导、督促、落实、检查。

（2）训练保障处联合社会化保洁服务机构每季度开展场馆卫生评比；每月组织社会化保洁服务机构工作座谈，反馈保洁工作存在的问题，商定整改方案，并检查落实情况。

（3）运动队上午、下午训练前，保洁员需先将场地清理干净，再进行公共区域、卫生间、浴室及附属房间的保洁工作，工作中发现场地、器材、设施、设备出现问题，及时向场馆人员报告，及时满足运动队的保洁需求。

（4）场地管理员每日对场馆卫生做全面巡查，发现问题及时请保洁员处理。

（二）场馆安全管理

1. 工作标准

（1）场馆建筑屋顶、墙面、地面、门窗、楼梯、电梯、管路及配套设施，无破损、脱落、松动、老化、移位、腐烂、霉变、漏水、堵塞等现象。

（2）场馆内无易燃、易爆、易腐蚀等危险化学品存放。

（3）场馆内无动用明火、私自使用大功率电器、电动车充电、乱接电源线路等现象。

（4）灭火器、防火报警器等安防设施位于指定位置，无挪位，无遮挡，且处于良好状态；消防疏散通道畅通，无占用堵塞；疏散通道标识、安全提示标识清晰、准确。

（5）场馆进出人员和物品，履行有效手续，场馆内秩序良好。

（6）场馆内监控覆盖全面，处于正常使用状态。

（7）场馆配备商业保险。

（8）水质场馆属于高危险性场馆，对外开放期间按相关要求配备救生员。

2. 工作内容与流程

（1）场馆安全工作严格落实《训练局内部安全管理规定》《训练局防汛工作管理办法》，实行处长、科长、职工逐级岗位责任制，以安全预防为重点，以安全检查为主导，由训练保障处牵头，协同保卫处、基建维修处做好安全管理工作。

（2）场馆巡查。场地管理员每日巡查，科长每周巡查，处长每月检查，排查安全隐患，预防事故发生。重点检查大功率电器、桑拿房、水处理机房、消防疏散通道等要害部位；加强季节更替、场馆施工、举办大型活动期间的安全检查。

巡查路径如下图所示。

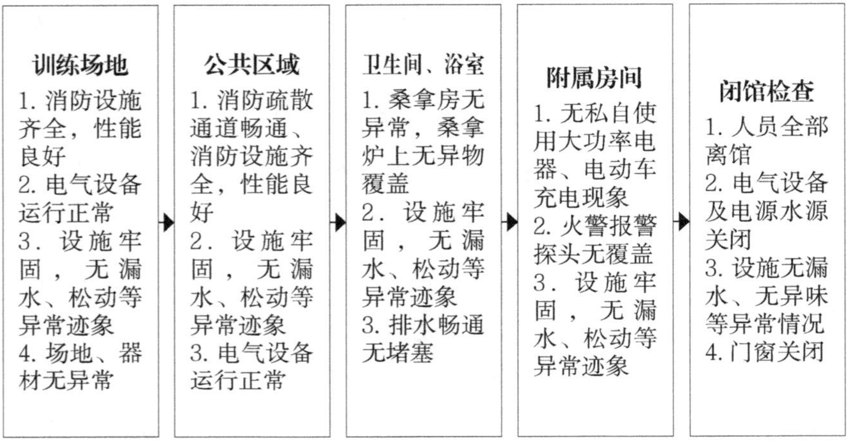

（3）场馆秩序管理。持门禁卡进出场馆，值班员严格核验进出场馆人员的有效证件及出入时间，严防无关人员进入；值班员严格核验物品出入场馆，审核相关批准文件，并做好记录；场馆工作人员对场馆秩序进行监督，及时制止危险行为。场馆出入管理流程如下图所示。

（4）训练保障处加强运动队场馆安全宣传和安全提醒，发现安全隐患及时要求运动队整改。

（5）配合保卫处定期进行场馆安全检查。

（6）配合基建维修处定期对场馆设施进行专业的检修保养，统筹老旧场馆设施的维修改造工作。

（7）制定部门突发事件处置预案，每年组织全体工作人员进行火灾事故演练，组织救生员和水质培训项目教练进行溺水事故演练。应急处置如下。

①火灾事故：第一发现人，视火情采取扑救措施或拨打 119

报警，最大限度地控制火势蔓延，同时通知场馆人员疏散，通知保卫处和本部门领导。

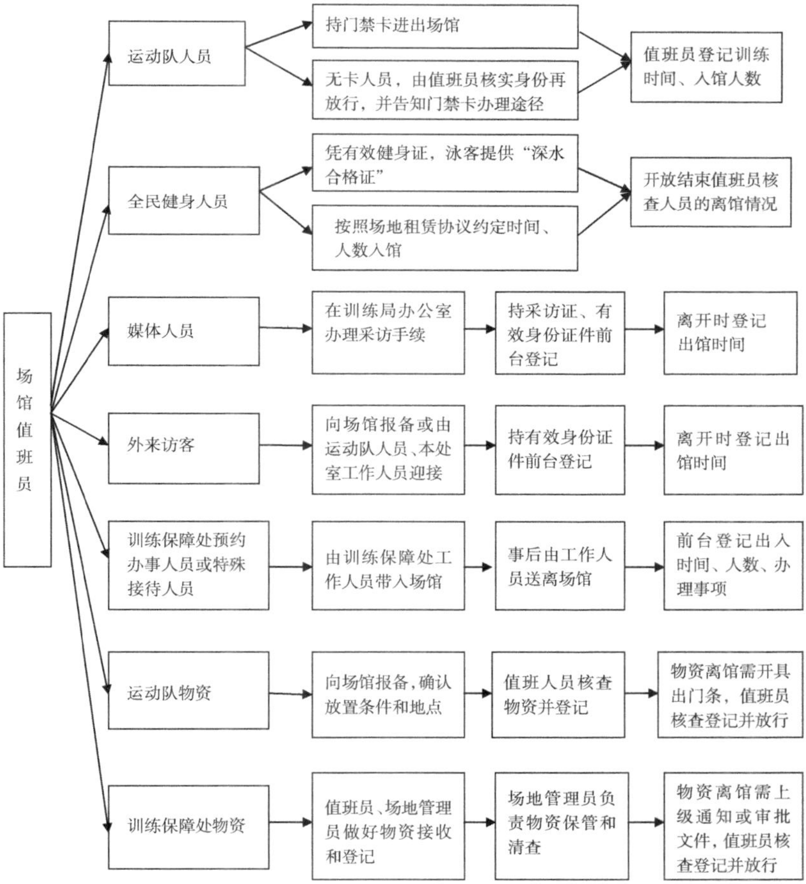

② 溺水事故：救生员或教练发现溺水者，应严格按照救生程序操作，不得中途停止，要坚持到医务人员到场开始抢救为止；拨打急救电话 120 或 999，向值班员汇报溺水情况。

③ 人身伤害事故：健身顾客在场馆出现人身伤害，拨打急救电话 120 或 999，寻求医务人员帮助；为急救车辆引路；向值班员汇报情况；联系伤者家属。

④ 设施、设备故障：场馆出现设施、设备故障，视情况采取切断电源或关闭水阀门等紧急措施，同时通知值班员，联系基建维修处或相关维修人员，待故障排除后重新启动。

应急处置流程如下图所示。

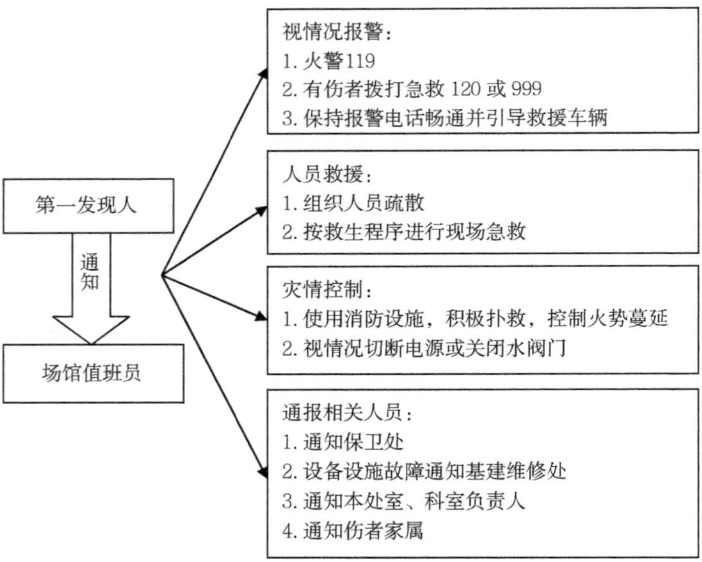

（三）训练场地、器材管理

1. 工作标准

（1）掌握训练场地规格、配置要求、清洁和养护方式，器材归属、结构和基本保养方法。

（2）场地干净整洁，场地线、标志线清晰醒目；场地光源正常使用，符合训练标准；场地温度、湿度、风速（羽毛球），适宜运动队训练。

（3）木质地板平坦、无异物，无下沉、断裂、开裂等现象；塑胶场地平坦、无异物，无起鼓、气泡、裂缝、分层、断裂、凹凸等现象；体操场地平整、柔软、弹性一致，表面不滑、不涩、无异物；水质场地池水清澈、无异物，水位、水温符合标准，水槽畅通、无堵塞、无异味，泳池周边区域地面平整、无损坏。

（4）器材干净整洁，无破损、螺丝松动、漏电、老化等问题，可正常使用。

2. 工作内容与流程

（1）常规性训练场地保障。科室负责人提前询问运动队训练计划，并告知各岗位工作人员按照训练时间开、关场馆，开、关设备，清洁场地，根据运动队需求，及时提供服务。

（2）特殊性场地保障。运动队使用场馆组织测试赛、媒体观摩课及队内重要活动，需提前告知科室，工作人员积极配合满足运动队需求。

（3）换项训练场地保障。各运动队进入田径场馆跑步训练，应避开田径队训练时间，刷门禁卡进入田径场馆，值班人员负责把关。各运动队换项训练使用田径场馆以外场地，需提前向训练局发函申请或告知，主项运动队不使用场地期间，可安排换项训练运动队使用。

（4）每日早晨、中午，清洁、消毒场地和器材，根据运动队需求随时进行。每日巡查场地，预防管路漏水浸泡场地，发现场地开裂下沉、器械磨损故障等问题，及时修补并做好维修记录。

（5）根据场地、器材性质，保养方式，运动队训练时间等因素，制订场地和器材保养计划；根据场地、设施和器材使用年限、使用现状、市场调研情况，与相关职能部门商定维修、采购、处置计划；训练保障处做好计划的执行、监督工作；场地、设施和器材处置期间妥善保管。

（6）训练保障处负责了解运动队水温、室温需求，向基建维修处反馈情况，互相配合，做好能源保障工作。

（7）运动队自采器材管理。

① 运动队自采器材放置场馆，应提前与科室沟通，科室需考察器材放置的可行性（位置、电力要求、安装条件等）。同意放置后，科室协助完成器材接收、安装事宜，安排值班人员做好场地保护和工作记录。自采器材搬离场馆，应提前与科室沟通，科室负责开具出门条，值班人员做好场地保护和工作记录。

② 要求运动队粘贴自采器材的固定资产标签，做好相关记录和位置标记。

③ 保洁人员每日对运动队自采器材进行清洁、消毒，巡查中发现器材问题及时反馈给运动队，场馆工作人员配合维修工作。

（四）机械设备管理

1. 工作标准

机械设备放置指定位置，内外清洁，可正常使用。

2. 工作内容与流程

（1）每日根据运动队需求，按照操作规程开、关设备。

（2）保洁员每日清洁设备，场地管理员每日检查设备运行情况，发现异常，及时报修并跟进。

（3）设备存在故障期间，张贴提醒标识。

（4）场地管理员掌握设备的购置时间、维保范围，做好设备维修、保养的监督和记录。

（5）根据设备使用年限、运行状态，做好固定资产处置计划并妥善保管直至移交相关部门。

（五）水处理机房管理

1. 工作标准

（1）泳池水质符合国家标准，满足训练要求。

（2）水处理机房和设备安全运行。

2. 工作内容与流程

（1）设备运行。

（2）水质监测。

（3）安全管理。

（六）运动队服务工作

1. 工作标准

训练保障处以运动员和运动队为中心，以保障运动队训练需求为核心，坚持精细化、规范化、高效化的服务标准。

2. 工作内容与流程

（1）首问负责制。运动队提出问题，询问的第一位场馆工作人员为场馆“首问责任人”。首问负责人要服务热情、言语礼貌，能予以解决的问题，尽快办理，并告知运动队办理结果。一时难以解决的问题，首问负责人应及时向科室负责人汇报并向运动队讲明工作进程；科室负责人应积极协调，将办理程序、办理时限、办理结果等内容及时反馈给运动队和首问负责人。首问负责人需记录运动队提出的问题，跟进办理过程，记录最终的办理结果。

首问负责制工作流程如下图所示。

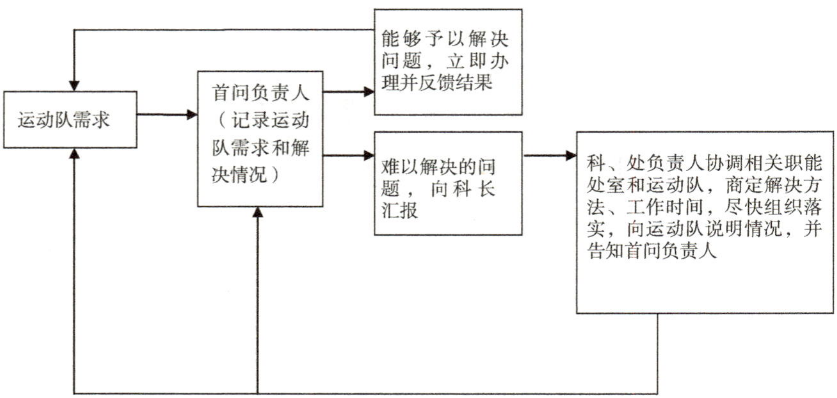

（2）沟通机制。科室负责人每周要主动询问运动队训练计划、训练时间、训练人数、训练需求，以及意见或建议，主动告知训练需求办理过程和结果。处室负责人定期深入场馆，了解运动队需求。训练保障处定期组织相关职能处室与运动队座谈，充分协调训练保障工作，提早筹划，全面细致地做好服务保障工作安排。

（3）特事特办机制。积极协调、落实运动队需求，不推诿、不拖延，对于影响训练的问题要急事急办、特事特办，减少不必要的工作环节，出现问题时处室、科室负责人第一时间到场处理。

（七）物资管理

1. 工作标准

按照《训练局物资采购管理办法》《训练局物资采购比选管理办法》《训练局固定资产管理办法》《训练局接受赞助和捐赠物资管理办法》执行。

2. 工作内容与流程

（1）物资采购。根据“场馆智能化、训练科学化、服务精细化、保障一体化”的工作要求，结合场馆现有设施、设备运行情况，提前做好物资采购的市场调研工作。按照实际需求和体育科技发展趋势，确定物资采购计划，完成采购程序，做好物资的接收、清点、存放和安装调试。

（2）固定资产管理。

① 按照固定资产所在位置，建立科室三级台账，清理遗留问题，完善固定资产标签，做到实物、标签、台账相符。

② 场地管理员巡检中要对固定资产进行盘点，全处每年进行

一次集中盘点。

③ 有意向处置的固定资产，应集中放置，在移交至北京产权交易所或其他接收单位前应妥善保管。

④ 各场馆明确划分训练保障处固定资产、运动队固定资产。

（3）赞助物资管理。处室领用做好二级台账登记，各科室建立三级台账，对物资使用情况做准确记录。

（4）低值易耗品管理。每月根据科室需求，采购低值易耗品，交处室库房保管，建立低值易耗品台账。科室领用需登记签字。

（八）后勤保障工作

1. 工作标准

（1）为运动队训练保障工作提供高效率、高质量的后勤服务。

（2）工作中发挥承上启下、联系内外、沟通协调的纽带作用，发挥统筹规划、检查督办的作用。

2. 工作内容与流程

（1）场馆部门设备、器材购买维保服务，需签订“维保协议”，明确维保范围、维保内容、维保时间等，履行审批手续后，协议生效。场馆工作人员做好维保工作的监督和记录，在维保范围内的事项不得另行支付维保费用，确保维保工作发挥作用。

（2）设备、器材维修需维修单位向训练保障处提交“维修价目表”和联系方式。设备、器材无法使用时，场馆工作人员需查验固定资产编号，确定是否在保修期，保修期之内联系厂家维修一般不发生费用；保修期之外请维修人员诊断问题并报价，确定是否维修，维修完成后，再支付维修费用，做好维修记录。对于运动队急用的设备、器材，要及时抢修，争取当天解决问题。

（3）公文运转管理。训练保障处建立“公文运转台账”，对上报请示、来函进行登记，根据批复情况及时办理，并记录办理情况。

（4）经费使用管理。

① 经费使用要符合训练局财务管理相关制度。

② 各项经费使用要准确记账，了解经费支出情况。

（九）经营创收工作

1. 工作标准

（1）在保障运动队训练的前提下，利用场馆空余时间，开放场馆资源，并提供全民健身服务。

（2）合理安排经营模式和入馆人数，确保人员、场地、器材安全，避免发生安全事故。

（3）按照经营场馆要求配置设备设施、安全警示标志、工作人员，做好安全提示和安全责任划分，降低经营风险。

（4）规范经营创收秩序、工作内容及流程，做好廉政风险防控。

（5）用优质场地资源、教学质量、服务态度，树立训练局全民健身品牌形象。

2. 工作内容与流程

（1）前台管理。

（2）财务管理。

（3）合同管理。

（4）培训管理。

（5）教练管理。

（6）经营规范管理。

（十）人员管理

1. 工作标准

（1）工作人员遵守训练局各项规章制度。

（2）工作人员爱岗敬业、履行工作职责。

（3）工作人员具备岗位要求的工作能力。

（4）工作人员热爱体育事业，发挥主人翁精神。

2. 工作内容与流程

（1）科室、处室负责人对工作人员在岗情况、履职情况、服务态度进行检查、评比。

（2）配备“值班工作记录本”“场馆巡查记录本”“水处理工作记录本”“外来人员登记本”“运动队需求台账”“公文运转台账”“合同台账”，通过工作记录的方式，帮助职工梳理工作内容，强化工作执行，增强工作责任感。

（3）增加岗位技能培训，提高职工业务能力。

（4）增加对职工的关怀和爱护，发挥处室的凝聚力，团结在场馆工作的所有人员。

四、当前工作中存在的能够通过精细化管理解决的问题、困难及解决办法

（一）能够解决的问题

（1）人员配备不齐全、岗位责任不明确，应以有利于保障场馆基本运行，满足游泳场馆对外开放条件为目标，落实岗位责任制。

（2）健全场馆巡查制度，及时发现并处理场馆卫生、场馆运行中存在的明显问题。

（3）通过梳理、完善工作制度，细化工作事项，查找工作问题，建立工作抓手。

（二）存在的困难及解决的方法

（1）场馆人员整体文化水平和专业技术水平不高，影响场馆智能化、训练保障一体化的开展。建议：①加大对职工的培训力度；②逐年引进所需的人才。

（2）多个场馆设施、设备处于老化状态，有些安全隐患隐藏在建筑物内，日常巡检难以发现。建议：由专业部门或机构对场馆进行全面“体检”，并统筹考虑维修、改造计划。

五、精细化管理新举措

（1）训练保障处为保障场馆安全运行，落实精细化工作要求，建立场馆巡察制度。

① 每日巡查。场馆管理员对场地进行全面巡查，了解场地、器材、设施、设备使用中出现的问题，及时报修并跟进维修情况，检查场馆卫生，做好固定资产登记。值班人员负责开启、关闭设施、设备、门窗，做好出入场馆人员、物品的核验、登记工作，维护场馆秩序。值班员和场地管理员听取运动队需求，及时解决或报告。

② 每周巡查。科室负责人每周对场馆进行全面巡检，并检查各项工作记录本，重点巡检各类维修问题的解决情况、固定资产情况，了解运动队需求及以往需求的解决情况。

③ 每月巡查。处室负责人每月对场馆进行全面巡检，并检查重点科室工作落实情况，检查安全事项、运动队需求的落实情况。

④ 巡查工作流程如下图所示。

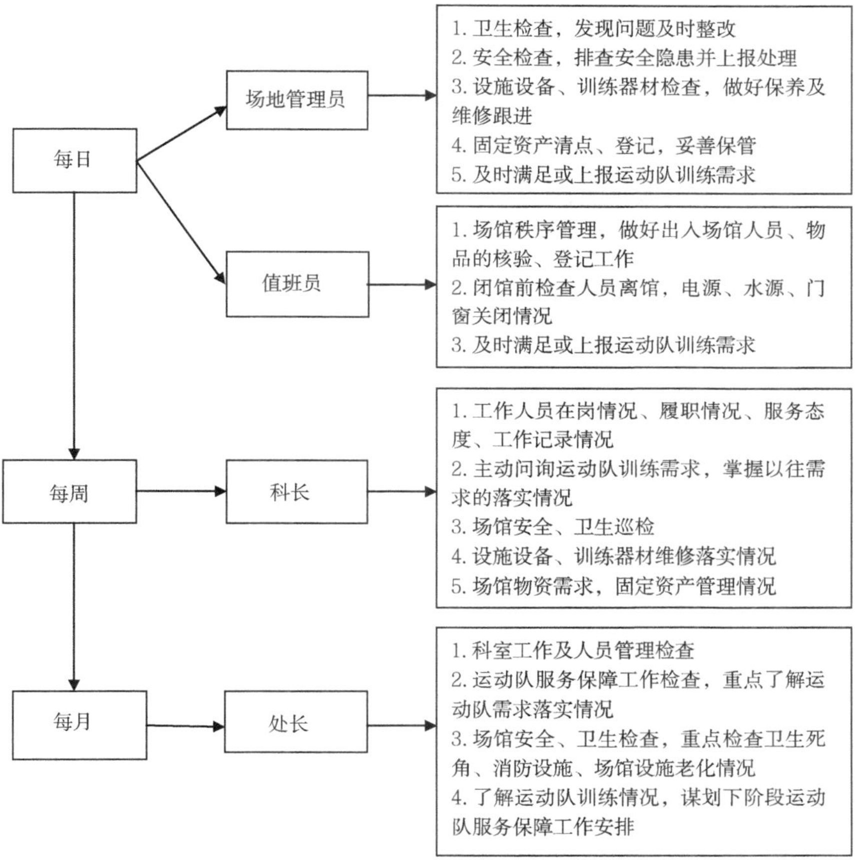

（2）编制《训练保障处工作手册》，涵盖场地管理、器材管理、安全管理、财务管理、合同管理、教练管理、水质机房管理等方面，将管理服务精细化到每个科室、每个场馆、每个人。

六、实施精细化管理后的工作目标和预期效果

（1）各岗位工作人员明确工作职责和工作内容。

（2）具体化工作内容、工作流程和工作方法，有利于工作执行。

（3）通过人员管理，转变服务态度，提高服务意识，增强工作责任心。

（4）通过精细化管理，强化对工作落实情况的监督与检查。

运动队综合服务处精细化管理工作报告

一、部门工作职能

运动队综合服务处是负责与体育总局相关部门和驻局运动项目管理中心、协会联系、协调并负责运动员公寓、车辆管理等工作的业务部门。

（1）负责宣传、贯彻、执行上级部门有关国家队综合服务工作的相关政策、法规。

（2）负责驻局运动队的综合服务和所属设施、设备使用、管理工作及相关规章制度的制订，并监督、检查各项规章制度的落实与执行情况。

（3）负责与体育总局相关部门沟通、协调，及时掌握运动队布局、编制状况等，保证驻训人员的接待工作。

（4）负责对口联系各运动项目管理中心、协会及驻局运动队，负责运动队集训，调整文件的接收、报批和处理工作。

（5）负责统一归口协调训练局内各部门做好运动队住宿、就餐、通勤、训练、康复、会议等的保障工作。

（6）负责驻局运动队住宿、就餐、训练、通勤等证卡的制作、发放和管理工作。

（7）负责驻局运动队的吃、住、行、训、医、外出比赛等动态信息收集、统计工作。及时准确地将运动队的相关信息通报给训练局相关部门，为做好服务保障工作提供信息保障。

（8）负责运动员公寓的日常管理、调配及安全保障工作。

（9）负责运动员训练班车、驻局运动队交通用车以及训练局行政用车的安全运行和车辆的维护保养工作；完成训练局交通安全委员会的日常工作和机动车驾驶员的交通安全教育及交通安全宣传工作。

（10）负责本部门合同台账、固定资产日常管理工作。

（11）承办领导交办的其他工作。

二、岗位设置与岗位职责

（一）岗位设置

运动队综合服务处设置运动队综合服务处处长 1 人，副处长 1 人，综合科科长 1 人，公寓管理科科长 1 人，交通管理科科长 1 人，公寓管理员、值班员、多功能厅管理员、驾驶员若干人。

（二）岗位职责

1. 运动队综合服务处处长岗位职责

（1）负责本部门的业务和行政管理工作，制订工作计划和各项规章制度并监督执行。

（2）负责运动员公寓房屋调配、卫生保洁、安全检查、能源节约等管理工作。

（3）负责公寓所有硬件设施的使用安排，提出公寓内部设备、设施的配置计划和制订维修、保养计划。

（4）经常性地走访各项目中心、运动队，征求对公寓服务、车辆保障工作的意见、建议，及时沟通、反馈相关信息。

（5）负责和监管公寓、车队的经营创收、财务管理等工作，带领员工完成上级下达的经济指标和各项工作任务。

（6）负责本部门职工的管理教育、业务学习，提出使用和奖惩建议。

（7）负责管理本部门经费、设备和物资。

（8）完成上级领导交办的其他工作。

2. 运动队综合服务处副处长岗位职责

（1）在正职领导下，协助开展本部门工作，做好分管业务。

（2）完成上级领导交办的其他工作。

3. 综合科科长岗位职责

（1）向处长负责，负责综合科的管理工作，督促科室工作人员完成相应工作。

（2）负责与驻局运动项目管理中心、协会联系、沟通、协调工作。

（3）负责根据运动队集训情况协调训练局相关部门做好接待工作。

（4）负责运动队综合服务处请示、报告、简报、工作计划的草拟工作。

（5）承办领导交给的其他工作任务。

4. 公寓管理科科长岗位职责

（1）负责公寓管理科全面的管理工作，督促科室工作人员完成相应工作。

（2）负责与驻局运动队联系沟通、协调工作。

（3）负责根据运动队集训情况安排准备门禁卡、房间清扫、寝具准备等接待工作。

（4）负责管理科的预算、请示、简报、工作计划的草拟工作。

（5）负责公寓出租房间签订租赁合同、全科人员的年终考核工作。

（6）负责固定资产的备案、调配，公寓所有房间的维修、改造计划制定，督促、监督住宿人员宿舍安全、卫生等管理工作。

（7）负责管理科周报、月报、年终总结的统计和草拟工作。

（8）每月协助统计考勤，及时修订管理科各项规章制度，组织、培训员工学习工作流程和各项规章制度。

（9）完成领导交给的其他工作。

5. 交通管理科科长岗位职责

（1）向处长负责，协助处领导负责训练局机动车的管理、调度、保养、维修等工作。

（2）负责制订交通科工作计划、请示报告、车辆台账、年终总结等工作。

（3）协助处领导做好科室人员的政治思想工作、业务培训、年终考核工作，做好司机的安全行车教育。

（4）负责局属车辆的年审、车辆保险、养路费的购买缴纳、维修费结账等事务。

（5）对局属车辆发生的交通事故及时通报处领导并提出局内处理意见。

（6）负责制订本科室司机的派车计划、出车登记及人员休假安排。

（7）负责提出车辆油料使用计划，并严格控制、监督油料的使用，节约能源。

（8）负责做好每周的训练用车计划表及每月的油账和考勤、公里费等统计工作。

（9）完成领导交办的其他工作。

三、工作标准、工作内容与流程

（一）集训来文管理

1. 工作标准

严格执行文函运转流程，遇有特殊情况及时向领导汇报、请示，做好保障运动队驻训前的所有协调运转工作。

2. 工作内容与流程

（1）集训来文整理、分类、登记。综合科收到项目中心集训文件，文件内容需包含集训时间、人员名单、人员身份、集训截止时间、驻训方式、集训人员电子版照片等重要元素。综合科根据收文时间、来文单位、文件编号进行初步文件整理登记，再依照各集训队伍的编制人数、实际驻训人数、驻训方式对来文进行二次文件审核。

（2）报送局领导阅示、审批。综合科将初步审核通过的来文，经处领导确认通过并提出拟办意见后，报送至局办公室，并说明紧急程度，等待局领导的审批。

（3）办理与反馈。

① 审批文件通过。报送文件经局领导审批后通过，综合科将文件取回后，抄送至局相关集训保障部门，凡属于职权范围内可以答复的事项，由综合科直接答复来文单位；凡涉及其他部门保障范围的事项，综合科应当主动与有关处室或科室协商办理，最后将文件及相关材料整理存档。

② 审批文件未通过。报送文件经局领导审批后未能通过，综合科将文件取回后，退还至来文单位并说明原因，并将文件及相关材料复印整理存档。

3. 工作流程图

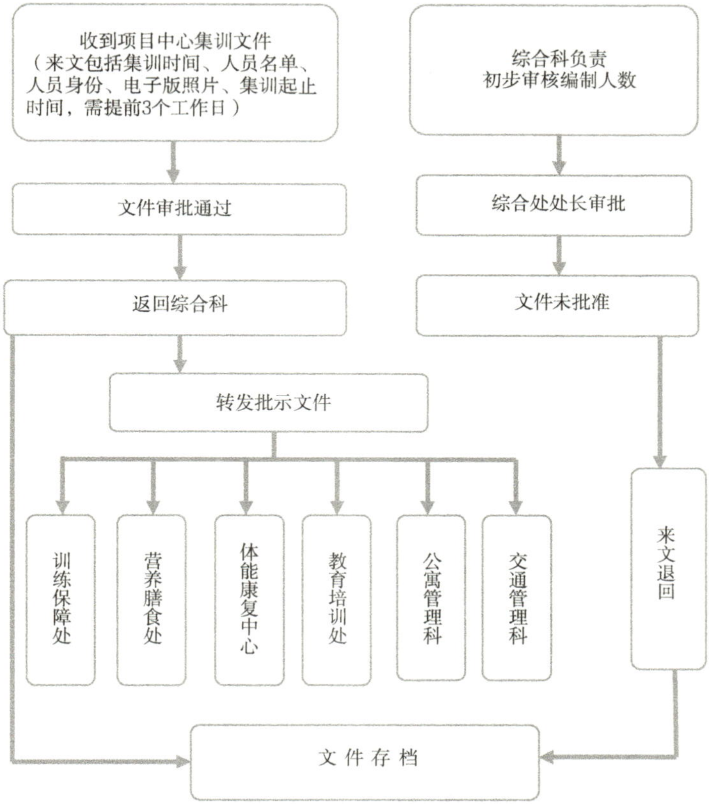

（二）驻训运动队收费管理

1. 工作标准

接待编制内和编外人员要做到记录清晰，明确收费项目，严格按照收费流程办理，及时收缴相关费用，手续完善，记账清楚。

2. 工作内容与流程

严格按照《训练局驻训运动队收费管理办法》统计驻局运动队所有人员的驻训天数，计算驻训费用（伙食费、服务保障费、编外住宿费、编外用车费），并督促收缴，开具发票。

3. 工作流程图

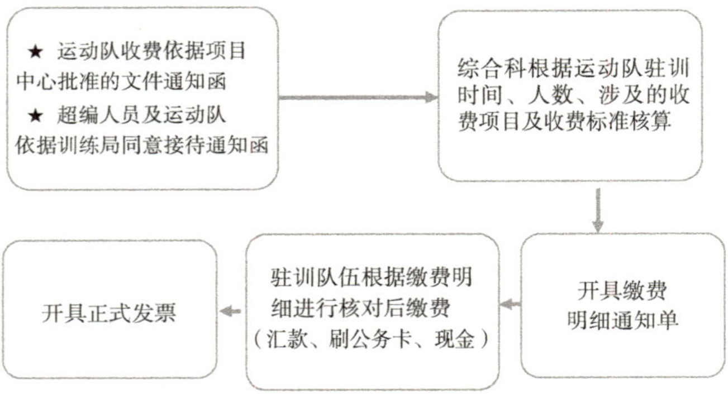

（三）驻训运动队办理入住和退宿手续

1. 工作标准

根据驻训文件为各运动队驻训人员办理领取门禁卡、钥匙等入住手续。押金做到记录清晰，严格按照工作流程办理，手续完善，记账清楚。

2. 工作内容与工作流程

（1）驻局运动队首次办理门禁卡时，正式门禁卡需要个人提供电子版照片和缴纳制证成本费用，运动队临时门禁卡需要缴纳押金。个人办理退宿手续时，须管理科押金登记本上有交付押金的记录方可办理押金退还手续。

（2）门禁卡作为驻局人员出入运动员公寓、运动员餐厅、训练场馆以及乘坐班车的重要凭证，必须随身携带，妥善保管，专卡专人专用，不得转借他人使用。房间的钥匙须租用，禁止私配。

（3）驻局人员在运动员公寓住宿期间可办理寝具、卧室钥匙等租借手续。

3. 工作流程图

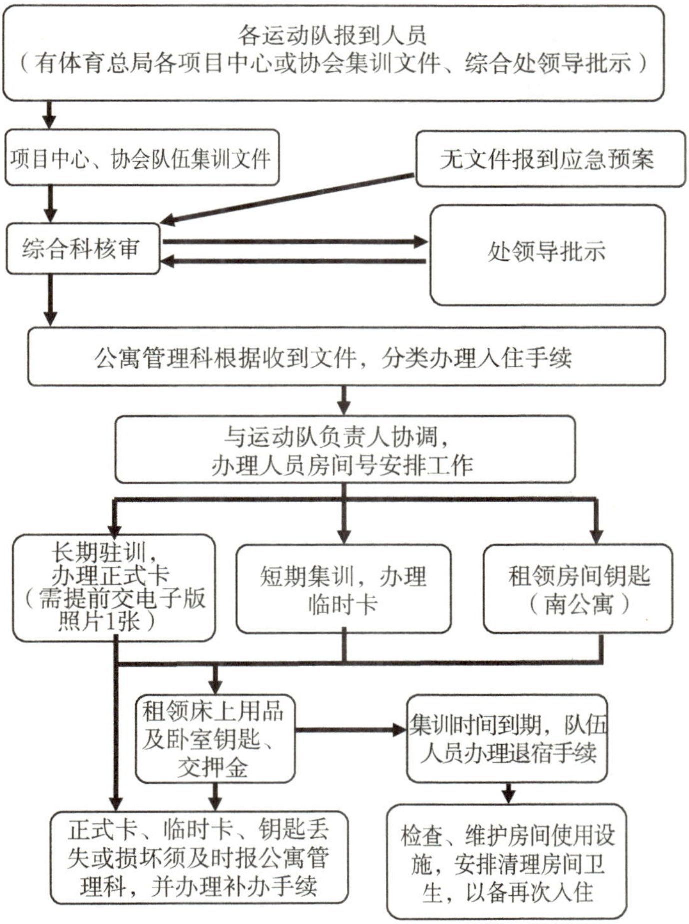

（四）驻训运动队预定用车、用餐、会议室工作程序

1. 工作标准

根据驻训各运动队的实际需求，联系相关部门，准确传达信息，及时反馈给运动队。严格按照工作流程办理。

2. 工作内容与流程

（1）安排、协调和落实驻局运动队的用车、用餐、场馆训练、多功能厅使用、学校教室使用、大会议室使用、公寓会议室使用等。

（2）管理科内部建立台账，如实记录，责任到人。

（3）积极协调、落实运动队的需求，不推诿，不拖延，对运动队提出的特殊需求必须及时请示领导，减少不必要的沟通环节。

3. 工作流程图

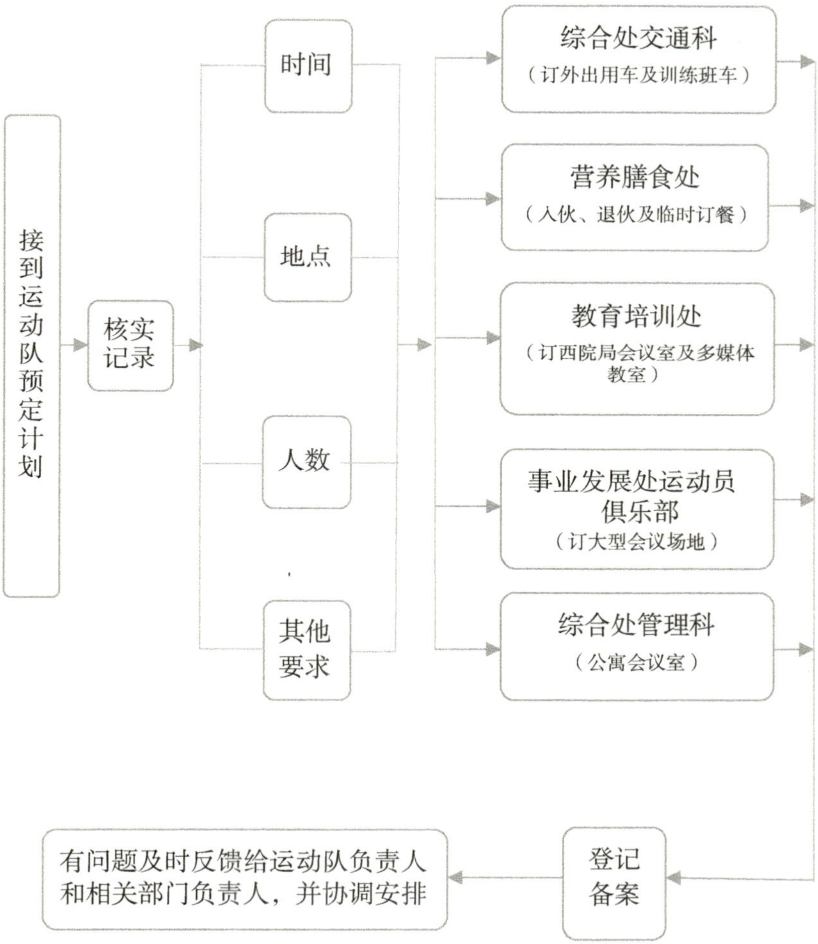
接到运动队预定计划
核实记录
时间
地点
人数
其他要求
综合处交通科
（订外出用车及训练班车）
营养膳食处
（入伙、退伙及临时订餐）
教育培训处
（订西院局会议室及多媒体教室）
事业发展处运动员俱乐部
（订大型会议场地）
综合处管理科
（公寓会议室）
登记备案
有问题及时反馈给运动队负责人和相关部门负责人，并协调安排

（五）保障运动员公寓的设施、设备正常运转

1. 工作标准

管理科以保障运动队的住宿需求为核心，坚持精细化、规范化、高效化的服务标准。

2. 工作内容与流程

（1）管理员服务热情、周到，能及时解决的报修必须尽快安排解决。

（2）管理员通过自查、住宿人员报修等环节，积极协调，将修理程序、修理时间、修理结果及时反馈给住宿人员。

（3）应对突发事件，管理员必须沉着处理，及时联系维修人员，并及时向科、处两级领导如实汇报。

（4）公寓日常普通维修通过局 OA 系统报修，及时向基建维修处相关科室反馈维修信息。

（5）公寓内特殊维修需要提交“维修改造申请”，按照施工计划予以处理。

3. 工作流程图

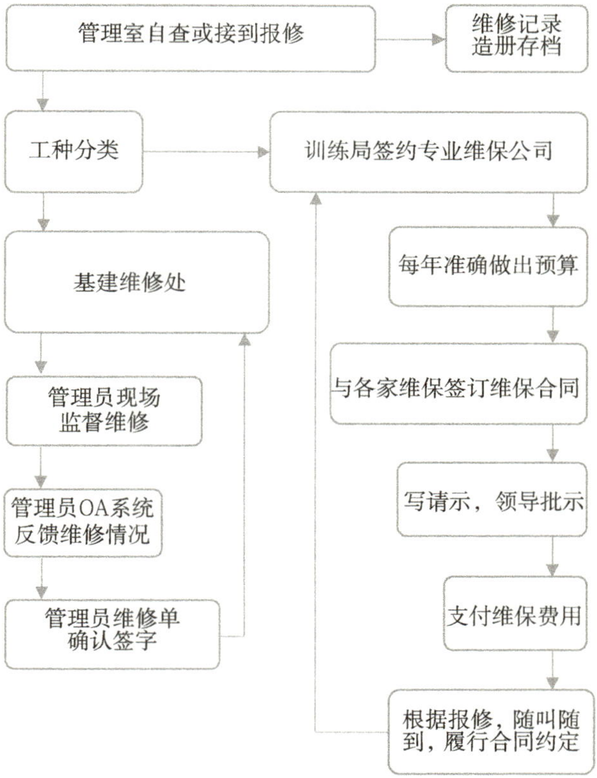

（六）驻训运动队用车管理

1. 工作标准

严格按照局内的各项规定及运动队用车管理办法执行出车任务。遇突发情况参照应急预案或请示领导，汇报批准后执行。

2. 工作内容与流程

运动队用车通知综合处公寓管理科，公寓管理科接到订车单，确定时间、人数、地点，检查无误后发OA系统到车队。车队根据订车单要求安排司机、车辆，完成任务后，把派车单再交回公寓管理科。

3. 工作流程图

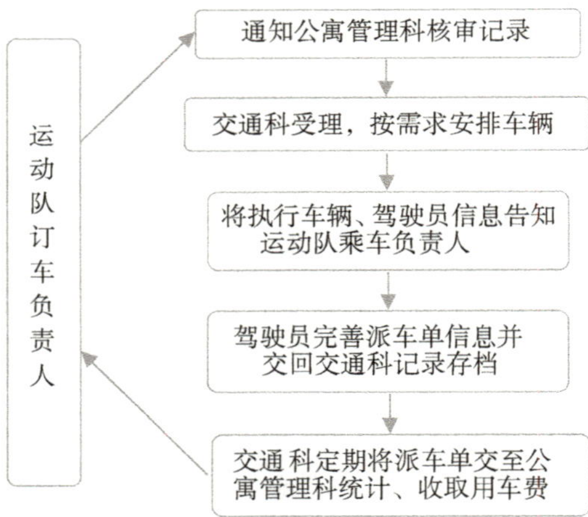

（七）公务用车管理

1. 工作标准

严格遵照局内的各项规定及《公务用车管理办法》完成出车任务。

2. 工作内容与流程

用车部门按公务用车管理办法提出用车需求，按事由填写派车单，由用车部门负责人签字、主管局长签字后通知车队，再由综合处处长签字、车队负责人签字后安排车辆。完成任务后，派车单存档，登记公务用车台账。

3. 工作流程图

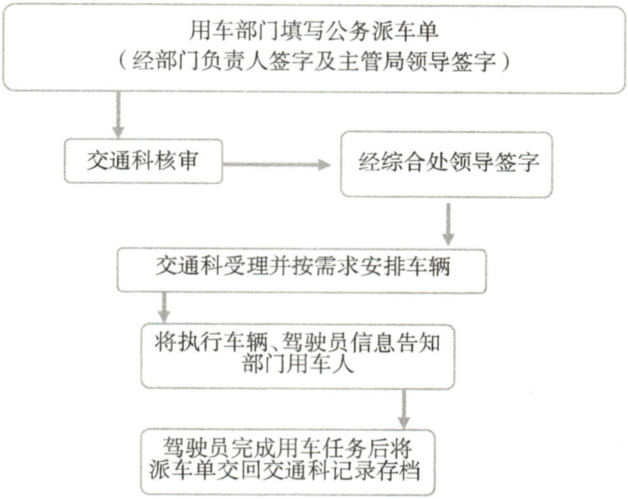

（八）车辆保养维修

1. 工作标准

严格按照局内的各项规定及《公务用车维修管理办法》《公务车加油卡管理办法》要求执行。遇突发情况及时请示领导，汇报批准后执行。

2. 工作内容与流程

车辆发现异常或出现故障，驾驶员立即报告车队负责人，经过检查确实需要维修，随即通知修理厂来人检修，根据故障情况，小毛病现场维修，确需送厂维修的由车队负责人开托修单前往修理厂维修。修好后由修理厂负责人在托修单上签字并列好所修项目，一并送回单位。车队负责人及所驾车辆的驾驶员一起按托修单所列维修项目逐一检查，确认无误后把托修单存档。维修费一季度一结算，按政府采购维修单记录核实无误后，按训练局财务规定报销。

3. 工作流程图

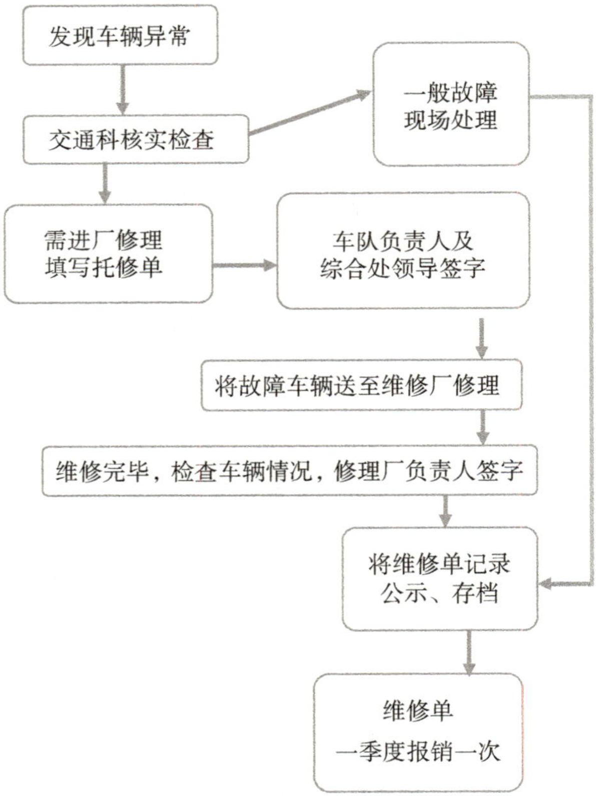

四、当前工作中存在的能够通过精细化管理解决的问题、解决方法及预期目标

（1）新的门禁系统不能满足数据统计与查询需求（原《训练局精细化管理体系和运行模式工作手册》有系统功能未保留，一部分新需求也没有得到体现）。目前门禁系统的功能不够完善，造成一定程度的费用损失。各运动队均有队内人员相互借用门禁卡的现象，尤其是编制内人员和编制外人员相互混用门禁卡，势必造成训练局统计收缴驻训费用的损失。

解决方法如下。

① 请基建维修处与门禁系统维保公司工程师沟通、协调，完善软件功能，满足计费统计的需求。

② 建议将来升级门禁卡使用功能，增加人脸识别功能。根据各项目中心或协会来文中的驻训名单进行人脸信息采集，以杜绝门禁卡混用现象。

预期目标：快速、准确统计、查询各运动队及各类人员门禁卡使用情况，做到费用统计、查询更加精准、快捷、无误；防止门禁卡混用现象发生，堵住费用统计缺失漏洞，严格收费管理制度。

（2）运动员宿舍存放物品过多，占用公共区域和逃生通道现象普遍，存在较大安全隐患。有的运动队只重视训练，忽视对运动员生活方面的要求和管理，宿舍卫生脏、乱、差，甚至人走不关灯、不锁门、电子设备继续充电，安全意识淡薄。

解决方法如下。

① 坚持定期组织卫生安全评比、检查，组织队伍间的相互参

观，以促进队伍的自我管理。

② 检查结果张榜公告，并以简报的形式上报体育总局，以引起运动队的高度重视。

预期目标：提高运动队的安全意识，培养运动队良好的生活习惯，住宿环境卫生、整洁，消除安全隐患。

（3）交通科司机存在纪律松懈现象，工作中缺乏责任心。

解决办法：通过开展“优质服务标兵”评比活动，深化服务理念，增强服务技能，改善服务细节，提升服务质量，树立先进典型，营造争先创优的工作氛围，充分调动驾驶员的积极性，建立激励机制，促进精细化服务。

预期目标：服务质量和水平明显提高，驾驶员整体形象和运动队满意度明显提升。

（4）社会化人员培训与管理问题。目前运动队综合服务处共有 16 名社会化人员，人员层次参差不齐，对工作内容的接受掌握也各有不同，给工作的开展带来一定的困难。

解决办法：在管理科和交通科分别建立相应的培训制度和完整的培训流程，同时建立监督、检查、考核机制。建议年终社会化人员同正式工一起参加优秀员工评选，建立激励机制，奖勤罚懒，以充分调动社会化人员的积极性。

预期目标：通过系统培训，增强社会化人员的工作能力、服务意识及工作的熟练程度，最大限度地发挥社会化人员的工作积极性。

（5）沟通渠道不畅，运动队保障联席会议制度作用没有得到很好的发挥。

解决方法：建议恢复与运动队的沟通、协调机制，每半年或一年（或遇有重大事项通报协商）召开会议，要求各队领队、运动项目中心或协会相关负责人、训练局相关局领导、相关服务保障处室领导等人参加，周密制定会议内容，听取相关意见和建议，宣讲训练局的相关制度与规定等。

预期目标：通过联席会议达到服务与被服务对象之间沟通的畅通无阻，真心听取运动队的服务需求，使训练局的各项保障服务工作切实有的放矢，以达到服务的针对性和实效性，同时还可以起到与运动队齐抓共管的良好效果。

（6）公寓配备给运动队房间的电器、家具等物品损坏丢失情况较严重，造成固定资产盘亏。

解决办法：各房间配备的固定资产清单请各运动队伍签字确认，如有损坏、丢失，按价赔偿。

预期目标：管好、用好国有固定资产，发挥其最大效能。

营养膳食处精细化管理工作报告

一、部门工作职能

营养膳食处是负责为驻局运动队和训练局职工等提供营养配餐、膳食服务保障工作的业务部门。

（1）负责宣传、贯彻、执行党和国家及上级部门有关国家队营养膳食服务工作的相关政策、法规。

（2）负责训练局餐厅、食堂管理有关规章制度的制定，并监督、检查各项规章制度的落实与执行情况。

（3）负责为驻局运动队及来局集训的其他运动队提供营养膳食服务；负责运动员餐厅营养膳食的科学化、精细化配餐及食品质量和安全卫生工作。

（4）负责为训练局职工、外租单位工作人员、来局公务人员提供餐饮服务。

（5）负责运动员餐厅、职工食堂食品原料的采购、储存、保管、卫生安全及合理使用工作。

（6）负责各餐厅、食堂的成本核算工作。

（7）负责管理、监督运动员餐厅及职工食堂就餐人员用餐卡。

（8）负责膳食服务人员的日常管理和业务培训工作，负责与相关体育训练基地进行运动员膳食交流与培训工作。

（9）负责本部门合同台账、固定资产日常管理工作。

（10）承办领导交办的其他工作。

二、岗位设置与岗位职责

（一）岗位设置

营养膳食处设置膳食处处长 1 人、副处长 1 人、运动员餐厅主食科科长 1 人、运动员餐厅副食科科长 1 人、东院职工食堂科长 1 人、西院职工食堂科长 1 人、采购科科长 1 人、后勤保障科科长 1 人、营养配餐科科长 1 人、综合服务科科长 1 人。

（二）岗位职责

1. 营养膳食处处长岗位职责

（1）负责本部门的业务和行政管理工作，制定工作计划和各项规章制度并监督执行。

（2）重点保证好运动队的营养配餐、食品安全，并为训练局干部职工、在局办公等人员提供就餐保障。

（3）负责本部门职工的管理教育、业务学习，提出使用和奖惩建议。

（4）负责管理本部门经费、设备和物资。

（5）完成上级领导交办的其他工作

2. 营养膳食处副处长岗位职责

（1）在正职领导下，协助开展本部门工作，做好分管业务。

（2）完成上级领导交办的其他业务。

3. 运动员餐厅主食科科长岗位职责

运动员餐厅主食科科长为该科室的第一责任人，负责全科的人员管理、菜品质量及全科的其他工作。

4. 运动员餐厅副食科科长岗位职责

运动员餐厅副食科科长为该科室的第一责任人，负责全科的人员管理、菜品质量及全科的其他工作。

5. 东院职工食堂科长岗位职责

东院职工食堂科长为该科室的第一责任人，负责全科的人员管理、菜品质量及全科的其他工作。

6. 西院职工食堂科长岗位职责

西院职工食堂科长为该科室的第一责任人，负责全科的人员管理、菜品质量及全科的其他工作。

7. 采购科科长岗位职责

采购科科长为该科室的第一责任人，负责全科的人员管理、订货流程、验收流程、市场调查流程、退货流程、结账流程及全科的其他工作。

8. 后勤保障科科长岗位职责

后勤保障科科长为该科室的第一责任人，负责全科的人员管理、入库流程、出库流程及全科的其他工作。

9. 营养配餐科科长岗位职责

营养配餐科科长为该科室的第一责任人，负责全科的人员管理、配餐流程、食品安全流程、菜品安全流程及全科的其他工作。

10. 综合服务科科长岗位职责

综合服务科科长为该科室室的第一负责人，负责综合协调餐厅服务流程、食堂卫生管理制度及全科的其他工作。

三、工作标准与工作流程

（一）食品安全管理工作

食品安全是指食品无毒、无害，符合相应的营养要求，对人体健康不会造成任何急性、亚急性或者慢性危害。

（1）根据训练局招标工作有关规定，每年 3 月对供应商进行公开招投标比选，确定当年供应商，肉类产品优先选择赞助中国奥委会并能通过兴奋剂检测的商家。

（2）对选定的供应商，与之签订供货协议和食品安全承诺书，明确双方的权利和义务。

（3）采购食品时须查验供货方主体资格合法的证明材料，按批次向供货方索取证明食品质量符合标准（规定）及食品来源的票证，并保存原件或者复印件。

（4）对查验不合格或无合法来源的食品，拒绝进货。对包装不完整或不符合卫生要求的，及时予以处理；对过期、腐烂变质的食品，立即停止加工制作，并进行无害化处理。

（5）禽类产品进货时应索取检疫合格证明、合法来源证明；牲畜肉类产品进货时应索取动物产品检疫合格证明或牲畜产品检验合格证明、进货票据。

（6）肉类食品要逐批次留样，并送至国家体育总局指定检测部门进行兴奋剂检测，检测合格后方可使用。

（7）对叶菜类食品原材料要进行农药残留抽样检测。

（8）对储存食品进行冷藏保鲜，无须保鲜的食品做到离地隔墙，分类码放整齐，先进先用，用前检查有无变质变味。

（9）定期查看是否有超期食品，如有超期食品及时处理。

（10）规范食品加工操作流程，做到粗细分区、肉菜分开、生熟隔离、洗消严格。

（11）食具、用具定期消毒。

（12）熟食制作要做到专人、专室、专工具、专消毒、专冷藏。

（13）每日由专人对三餐进行48小时留样，并做好留样记录。

（14）定期对食堂餐具及凉菜等直接入口食物进行检测。

（二）生产安全管理工作

生产安全是指在生产活动中，为了避免造成人员伤害和财产损失的事故而采取相应的事故预防和控制措施，以保证从业人员的人身安全，保证生产经营活动得以顺利进行的相关活动。

（1）保证操作间内所有的煤气灶具、阀门处于安全、灵敏、有效状态。

（2）保证餐厅内电气设备、电气控制设备、照明设备、用水设备等运转正常、安全有效。

（3）保证食堂库房所储存的食品、餐具设备的防火、防尘设施处于完好、有效、安全状态。

（4）实行岗位值班厨师长负责制，值班厨师长对食堂所管辖的燃气、电气、水源及使用的厨器具进行安全检查，加强防范。

（5）保持消防器材的正常使用，并在指定位置存放，保持消防通道的畅通。

（6）非炊管人员不得进入食品加工操作间。

（三）卫生管理工作

（1）按规定申办餐饮服务许可证，并悬挂于餐厅显著位置，自觉接受相关部门监管。

（2）炊管人员应注意个人卫生，持北京市疾控中心核发的健康证上岗，并按年度进行体检，凡患有传染类疾病者不得参与直接接触食品的工作。上岗时须穿戴工作服和发帽，并保持清洁、整齐，做到勤理发、勤剃须、勤洗澡、勤换衣、勤剪指甲，不得戴戒指、染指甲。

（3）食堂内卫生实行厨师长和个人分区域承包负责制。

（4）食物存放生熟分开、炊（用）具生熟分开，且防蝇、防尘、灭鼠设备齐全。

（5）保持各操作间内的环境卫生。地面、灶台、用具、机械设备、墙壁不得有油垢、残渣、不洁物；刀不得有锈，墩布不得有霉点、油垢；室内无蝇、蟑螂、老鼠。

（6）保持餐厅内卫生，做到桌椅整齐、地面整洁、餐台洁净、玻璃光亮。

（7）对餐厨垃圾进行及时分类处理，垃圾桶有盖和标记。

（四）库房管理工作

（1）建立健全进出库管理制度，严格履行食品和物品出入库登记手续，由专人记账，并录入财务软件于每月月底上报局财务处。

（2）指定专人负责食品、物品出入库管理工作。

（3）每天检查食品质量，发现变质、有异味、污秽不洁或超过保存期的食品要立即处理。

（4）根据不同库房的标准和要求，码放食品和物品。保持库房内干燥、通风、防潮、保鲜及货架清洁、整齐。

（5）定期检查库内食品、物品的生产日期和保质期，做到先进先出，对用量少的物品做到少进勤进。

（6）非库房管理人员不得随意进出库房。

（五）质量管理工作

（1）制作菜肴过程须严格按规定程序操作，确保菜肴的口味符合标准。

（2）对于烧、炖、焖、蒸等烹调手段和用火时间较长的菜品，须达到烧熟、炖熟、蒸到位的工艺要求，做到可口、入味，易消化，保持营养成分。

（3）对于急火爆炒的菜品必须执行分锅少炒，对流动性小的餐厅，保证 30 分钟调节 1 次。

（4）主食制馅须认清原料特性，配料、调料的使用和主食成品制作须达到品种口味的要求，禁止违反操作规程的现象出现。

（5）制作冷荤菜，在完成色、香、味、形和营养要求的前提下须严格执行《食品安全法》对冷荤制作的要求，菜品质量须达到标准。

（6）在岗厨师须自觉接受对菜品质量的监督、检查，不合格菜品不得出台。

（六）成本核算工作

（1）膳食财务管理有专职会计和出纳，严格按照会计制度和程序独立核算。

（2）每日统计就餐人数，采取一月一核算的办法，合理进行成本的控制和调整。

（3）膳食成本核算以全部产品为对象，按领取制的原则进行核算。

（4）膳食成本核算的范围。

①用于食堂加工制作的主料。

②用于食堂加工制作的作料。

③专门用于食堂的燃料。

④专门用于食堂的一般设备。

⑤专门用于食堂消毒、“四防”等支出的消费品。

⑥食堂炊事员在食堂所使用的卫生用品和劳动保护用品。

（5）凭证、账单分类按月装订保存，账账相符，账物相符，定期盘存和结账。

四、当前工作中存在的能够通过精细化管理解决的问题、困难及解决办法

（一）能够解决的问题

（1）岗位职责的精细化，有利于膳食保障工作的顺利开展。

（2）菜品制作的标准化、精细化，可以实现菜品质量的标准化，保证口味的一致性。

（3）工作制度的精细化，可以进一步提升管理水平。

（二）存在的困难及解决的方法

（1）因科技营养工作需营养师指导，在厨师的帮助下完成，营养膳食处人员整体文化水平不高，将会影响科技助力工作的开展。

建议：① 加大对职工的培训力度；② 进一步引进相关营养人才，扩大营养团队力量。

（2）运动员餐厅和西院职工食堂于2002年建成，2013年改建，设施老化，空间有限，且存在一定的安全隐患。

建议：统筹考虑维修、改造计划，合理规划、调整功能区布局，扩大就餐空间。

五、精细化管理新举措

（一）服务对象精细化

一是根据项目人员进行分类，了解不同运动队运动员和教练

的需求和喜好，充分调研驻训运动队相关人员的地域来源、口味偏好、食材及菜品的喜好等。二是根据项目的特点进行分类，不同项目运动员和教练对菜品的偏好不同。三是实时掌握驻训人员变化的情况，对菜品进行调整。

（二）服务内容精细化

一是根据季节的不同变换相应的菜品。二是制作地方菜品，与各地体育局所属的训练基地加强联系和沟通，相互交流、借鉴，同时利用外包社会化厨师的特点，通过餐饮服务公司外聘不同地域的厨师，烹制家乡菜肴。三是根据运动队训练和比赛的需要，为运动队带餐，包括加餐、汤料、旅途中的食品等。四是按照不同运动队特殊的营养需求，为运动员制定不同的食谱。

（三）原料采购精细化

根据每日的菜谱和就餐人数科学计算所需要新鲜原材料的数量，按需采购，尽量减少库存，严把原材料的质量关。每一种原料，无论是海鲜、肉食，还是杂粮、蔬菜，在确保安全的基础上优中选优。

（四）制作过程精细化

成立专门的菜品质量标准化工作小组，由处长牵头，以营养膳食处业务骨干为核心，对菜品制作的全流程进行标准化、精细化的管理，全面认真落实工艺标准，将每一道菜品分为原料的选料、验货、粗加工、切配、烹制、出品、把关、反馈8个环节，明确每一个环节的技术要求，增强相关人员的责任心和使命感。

（五）巡查反馈精细化

建立巡查制度，通过餐中巡查，发现菜品的问题，从口味变化查找质量问题，查就餐人员反映的质量问题，找菜品本身存在的质量问题，对受欢迎的菜品和制作经验进行表扬和推广，对不受欢迎的菜品也要及时进行教训的总结。

（六）人员管理精细化

一方面，通过对每个岗位职责和操作规范的精细化，落实“用制度管人、靠制度办事”的要求，实现操作流程的标准化。另一方面，对表现优秀的厨师进行表扬和表彰，对发生质量问题的厨师进行批评、诫勉和教育，以提高工作人员的责任心、使命感和荣誉感，形成良好的环境和氛围。

六、实施精细化管理后的工作目标和预期效果

（1）通过精细化管理，明确岗位工作职责和工作内容。

（2）通过精细化管理，规范工作内容、工作流程和工作方法。

（3）通过精细化管理，转变服务态度，提高服务意识，增强工作责任心。

（4）通过精细化管理，提高工作执行能力，加强工作的监督、检查。

体能康复中心精细化管理工作报告

体能康复中心系训练局一线服务部门，专业性强，业务工作具有较高的科技含量，是训练局“科技助力”主要部门之一，直接服务于驻局运动队。体能康复中心专业人员的业务水平，很大程度上代表了训练局科技服务的质量，因此体能康复中心深感责任重大，任务艰巨。

在东京奥运会的备战关键时期，根据体育总局对训练局“场馆智能化、训练科学化、服务精细化、保障一体化”的工作要求，同时也为进一步有效提高体能康复中心全体业务人员的综合业务水平及专业技能，组建一支业务过硬、能力突出的核心科技团队，不断提高保障能力，结合本部门实际工作情况，体能康复中心分别从部门工作职责，岗位设置与岗位职责，工作标准、工作内容与流程，以及工作中存在的问题和举措等方面进行了认真梳理，并以科室为单位制定了详细的方案。

一、部门工作职责

体能康复中心是负责驻局国家队运动员伤病康复治疗、体能测试、身体功能训练等服务工作的业务部门。

（1）负责宣传、贯彻、执行党和国家及上级部门有关国家队运动员体能康复的相关政策、法规。

（2）负责体能康复，训练所属设施、设备使用和管理的相关规章制度的制定，并监督、检查各项规章制度的落实与执行情况。

（3）负责为驻局国家队运动员提供伤病康复治疗等专项医疗服务。

（4）协助、保障驻局国家队运动员开展体能和身体功能训练，为其提供体能检测和评价服务。

（5）负责驻局国家队运动员伤病调研工作，总结运动员伤病的规律，进行专题研究，建立驻局国家队运动员身体机能信息系统，为国家队提供信息服务；负责驻局教练、运动员病历数据库管理。

（6）开展体能训练科学研究、培训和学术交流活动。

（7）负责训练局职工医疗保障、计划生育、卫生防疫、医药费报销、儿童医药费报销审核、义务献血、卫生宣传教育相关工作。

（8）负责本部门合同台账、固定资产日常管理工作。

（9）承办领导交办的其他工作。

二、岗位设置与岗位职责

（一）岗位设置

体能康复中心设置体能康复中心处长 1 人，副处长 1 人，康复科科长 1 人，体能训练科科长 1 人，综合管理科科长 1 人，体能训练师、体能检测师、物理治疗师、场地管理员、前台信息员、视光师、护士、会计员若干人。

（二）岗位职责

1. 体能康复中心处长岗位职责

（1）重点为运动员提供伤病康复治疗、体能测试和训练，同时做好训练局在职职工、离退休人员的防病、医保报销服务等。

（2）协助体育总局备战奥运身体功能训练专家团队开展工作，协调与相关部门的关系。

（3）负责本部门的业务和行政管理工作，制订工作计划和各项规章制度并监督执行。

（4）负责本部门职工的管理教育、业务学习，提出使用和奖惩建议。

（5）负责管理本部门经费、设备和物资。

（6）完成上级领导交办的其他工作。

2. 体能康复中心副处长岗位职责

（1）在正职的领导下，协助开展本部门工作，做好分管业务。

（2）完成上级领导交办的其他工作。

3. 康复科科长岗位职责

（1）全面负责康复科的日常工作。

（2）认真做好上传下达的工作，及时向部门领导汇报科室的有关问题，细致完整地传达处室的各项工作意见和要求。

（3）协助处领导完成体能康复中心的整体工作，完成局领导、处领导交给的其他工作。

（4）根据体能康复中心的规章制度、工作要求、服务标准，制定康复科的各项规章制度、工作要求、服务标准；做到以人为本、以运动员为重。

（5）根据体能康复中心的年度计划，制订康复科的年度工作计划；总结全年工作，找出存在的问题，以便更好地服务于运动队，提升康复科的整体工作水平。

（6）根据体能康复中心业务培训计划，制订康复科的业务培训计划，其中包括英语、专业培训计划。

（7）负责新聘人员的业务培训工作，制订理论知识和实际操作的培训计划、实施方案。

（8）负责实习生的实习工作，根据实习生专业制订实习计划、实施方案。

4. 体能训练科科长岗位职责

（1）全面负责体能训练中心场地的日常办公和综合运行工作。

（2）全面负责体能训练中心所有器材，设备训练的日常使用和维护管理工作，了解和调研适合国家队训练的训练设备，完成器材、设备的申报和更新工作。

（3）负责体能训练师和体能检测师的跟队人员安排和调配工作，建立高效的考评机制和监督机制。

（4）负责国家队队员的体能训练指导工作，协助队伍进行体能训练。

（5）负责国家队运动员的体能检测与评定的组织和业务工作。

（6）掌握先进的体能训练知识和发展动态，与国内外先进机构和专家开展交流，组织专题研究，撰写学术文章，展现学术成果。

（7）负责本科室工作人员日常业务学习和培训计划的制订与实施，提升业务人员能力水平。

（8）完成领导交办的其他工作。

5. 综合管理科科长岗位职责

（1）为驻局运动员提供运动视觉训练、视光检查、口腔咨询服务工作。

（2）全心全意地做好训练局在职职工和离退休人员的医疗保障工作。

（3）负责训练局干部、职工一般伤病防治和公费医疗的管理工作。

（4）负责训练局卫生防疫、义务献血和计划生育工作。

（5）负责训练局突发疾病职工的急救工作。

（6）配合有关部门做好本科室人员业务培训、考核、技术职称、职务的评聘工作。

（7）负责审核 14 岁以下儿童医药费报销工作。

（8）严格执行各项医疗操作技术范围，如无菌操作、技术规范、“三查七对”原则、消毒隔离制度等。

（9）负责运动视觉中心及口腔健康咨询中心的组织协调工作及科研工作的开展。

三、工作标准、工作内容与流程

（一）康复科工作流程图

1. 初诊有诊断证明的康复治疗流程图

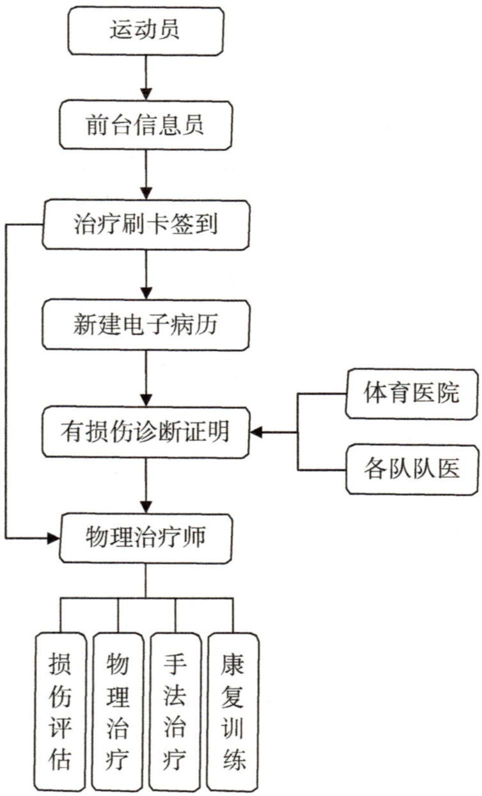

2. 初诊无诊断证明的康复治疗流程图

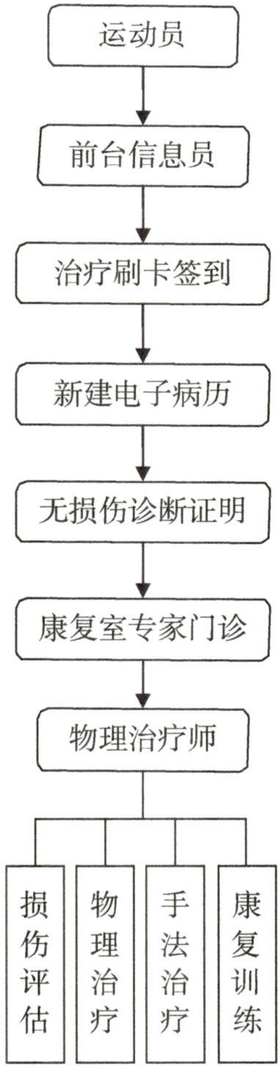

（二）体能训练科工作标准与工作流程

1. 体能训练科科长工作标准与工作流程

（1）工作标准。

① 保障体能训练场地的正常运行和队伍的正常训练，为国家队打造一流的训练环境。

② 逐步为运动队提供高科技的硬件训练设备、软件检测服务和科学合理的训练指导方案，体现出实用性的科技服务，能够对运动队的训练起到实际帮助，让运动队满意。

③ 完成上级安排的各项工作，充分发挥个人的能动性和能力，注重办事效率和实效，让领导满意。

④ 建设和谐的工作团队，让体能训练中心的每位同事都尽量发挥特长，团结一致，在实践中学习和提升，让同事满意。

（2）工作流程。

① 每天巡视、检查健身房运行状况，发现问题并采取处理措施。

② 了解运动队的设备使用状况，为运动队提供所需的训练器材，采取多样化手段帮助运动员掌握器械的正确使用方法。

③ 全方位了解运动队信息和国内外体能训练相关发展趋势，加强思考和学习，拓宽信息来源和建立资料库，按照上级领导的要求和运动队的实际需要，制定出适合部门发展方向的规划方案。

④ 每周召开部门会议，进行一周的工作总结和业务安排，参加处务会，汇报工作进展情况，每月初上报月工作报表。

⑤ 接待各级各类的参观团队，为其做体能训练中心的概要介绍。

⑥ 深入了解运动队的体能训练情况，与教练、运动员，以及相关科研和中心工作人员建立起一定的业务关系，用出色的服务工作赢得运动队信任。

⑦ 加强团队建设和业务学习，制定相关的学习方案，让体能训练中心的工作人员明确自己的业务范围和职责，一专多能，能够相互替补。

⑧ 定期按需引进实习生，对实习生进行管理和业务指导，充分发挥其作用。

⑨ 按照领导安排和运动队需求，拓展新业务，负责整体业务运行。

2. 体能训练师工作标准与工作流程

（1）工作标准。

① 掌握各种体能训练设备的使用方法，管理体能训练中心内的训练器械布局和分区规划，维护体能场地和器材设备的正常运行。

② 能够与国家队教练和运动员进行良好的沟通和交流，了解和掌握训练局各项目运动队及其他特派运动队的体能训练情况。

③ 能够负责运动队一般性和个性化体能训练计划方案的制定，具备较好的沟通能力，不断丰富执教经验，负责运动队体能训练计划的具体实施和执行，全面改善运动员的运动表现。

④ 能够负责主导国家队运动员的体能测试安排工作，与体能检测师配合完成报告分析和训练监控，及时为教练、运动员提供准确的分析报告和针对性的训练方案。

⑤ 掌握国际上先进的体能训练理论知识、训练方法和训练体系，了解行业前沿动态，不断提升专业理论水平；拥有全面的体能训练实践操作能力，同时提高在康复、心理、营养、科研等运动表现相关领域的知识水平，成为运动队科技服务的复合型人才。

⑥ 负责总结运动员体能训练规律，进行专题研究，撰写学术文章，发表学术成果。

⑦ 负责协助指导和培训国家队、省市队伍以及其他行业（教育、大众健身、特种行业等）的体能教练，扩大训练局科技服务的行业影响力和社会影响力。

⑧ 针对运动队体能训练中发现的问题和困难，在技术上攻坚克难，申请或参与课题，协同体能检测师、运动队教练、科研人员等共同进行专题攻关研究。

⑨ 承担相关交流参观、培训、对外开放等工作，完成单位各级领导交代的其他工作，充分发挥个人的能动性和能力，注重办事效率和实效，让领导满意。

（2）工作流程。

① 训练指导。

A. 与国家队领导、教练、运动员建立良好的沟通机制，了解运动员伤病史，体能测试综合指标，个人技术特点、专项特点等各项信息。

B. 给运动员建立训练档案，进行基础测试、训练计划初步制订、训练状况记录。

C. 跟队训练，给运动员提供个性化、专项化的训练方案。

D. 定期和队伍教练参加运动队会议，了解运动员体能状况变化、需求变化，及时调整训练计划，帮助运动员进行恢复放松、营养补剂管理、情绪管理等。

② 场地器械维护。

A. 在京期间，每天负责体能训练中心器械归位、检修。

B. 在京期间，负责体能训练中心功能性器材借出、归还及场馆秩序管理。

C. 训练场地分区整理，将位置变动的器械归位。

D. 完成领导交代的其他工作。

3. 体能检测师工作标准与工作流程

（1）工作标准。

① 维护好体能检测设备，发现损坏器材及时联系厂家维护。

② 测试前做好各项准备工作，确保测试快速、安全、高效进行。

③ 正确统计数据，及时反馈测试结果，撰写专业测试报告，给予科学合理的训练建议。

④ 建立、保持与各运动队教练的良好关系，定期收集运动队需求，及时反馈意见。

⑤ 让每位检测人员都能够体验到体能训练中心卓越的服务品质。

⑥ 让每一位训练的运动员都能够正确高效地训练。

⑦ 定期收集与国内外体能训练相关的资料与信息，及时掌握国内外体能训练的最新动态。

（2）工作流程。

① 按照运动队的预约或者临时工作安排，为运动队各项测试检查仪器、设备，准备测试报告模板和打印用纸。

② 为运动队提供准确、高效、快捷的各项测试服务。

③ 整理测试数据，撰写测试报告。

④ 与体能教练、运动队专项教练或者运动员沟通，反馈测试情况。

⑤ 整理测试数据，归档。

⑥ 建立维护运动员身体机能测试数据库。

⑦完成运动队领导交代的其他工作。

4. 场地管理员工作标准与工作流程

（1）工作标准。

① 保障体能训练场地的正常运行和队伍的正常训练，为国家队打造一流的训练环境。

② 逐步为运动队提供高科技的硬件训练设备、软件检测服务和科学合理的训练指导方案，体现出实用性的科技服务，能够对运动队的训练起到实际帮助，让运动队满意。

③ 完成上级安排的各项工作，充分发挥个人的能动性和能力，注重办事效率和实效，让领导满意。

④ 建设和谐的工作团队，让体能训练中心的每位同事都尽量发挥特长，团结一致，在实践中学习和提升，让同事满意。

（2）工作流程。

① 每天早、中、晚巡视、检查健身房运行情况，维持场馆良好训练秩序，营造良好训练环境，发现问题并采取处理措施。

② 每天检测各项器材、设备的安全性、配件缺损情况。

③ 定期保养相关器材、设备，并做好记录。

④ 对于损坏设备，进行初步维修或者联系厂家进行专业维修。

⑤ 接待各级各类的参观团队，为其做体能训练中心的概要介绍。

⑥ 管理好各类场馆训练、健身和参观的客户群，监督大家养成文明、良好、有序的健身习惯。

（3）工作要求。

① 每天巡视场地，确保场地、器材的安全和正常使用，发现损坏的器材，及时联系厂家维护。

② 保障场地环境整洁，器械排列整齐有序，空气、温度、湿度等适合队伍训练。

③ 对待各类人员要热情，主动深入了解运动队体能训练情况，与教练、运动员以及相关科研和运动项目中心工作人员建立起一定的业务关系，用出色的服务工作赢得运动队的信任。

④ 认真记录体能训练中心器械维修状况、器械借用情况，并定期整理和反馈给部门领导，保障固定资产不流失，定期报废和清理损坏的易耗性设备。

（三）综合管理科工作标准与工作流程

1. 医务室

（1）工作标准。

① 严格遵守训练局的各项规章制度。

② 认真执行卫生部门的各项法律法规、国务院的《医疗机构管理条例》。

③ 严格执行医院感染监测与报告制度，以“预防为主”为方针，经常进行卫生宣传教育，积极开展预防医疗宣传工作。

④ 医务室工作人员分工负责，互相协调，搞好本室各项工作。

⑤ 认真管好医疗设备，做好卫生消毒工作，做好紧急性突发疫情的处理工作。

⑥ 医务室工作安全有序进行，无医疗事故发生，无违规、违纪现象。

⑦ 爱岗敬业，坚持原则，认真负责，热爱本职工作。

（2）工作流程图。

① 医保报销流程图。

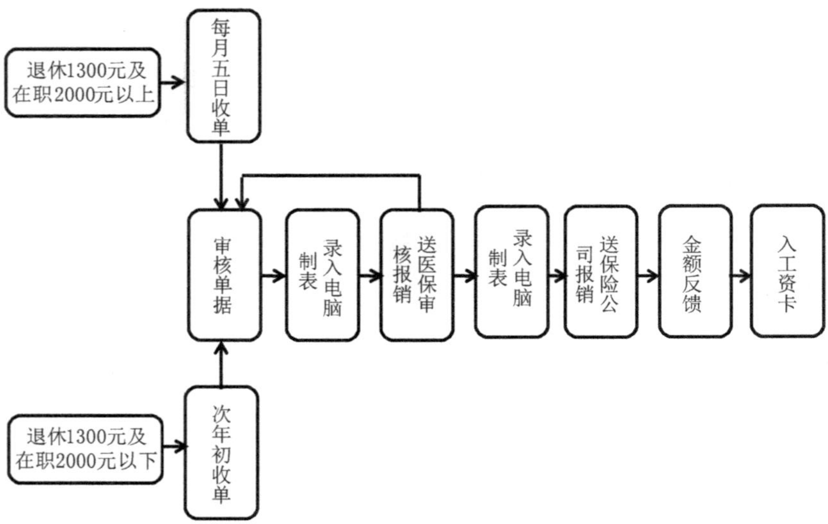

②突发疫情应急处理流程图。

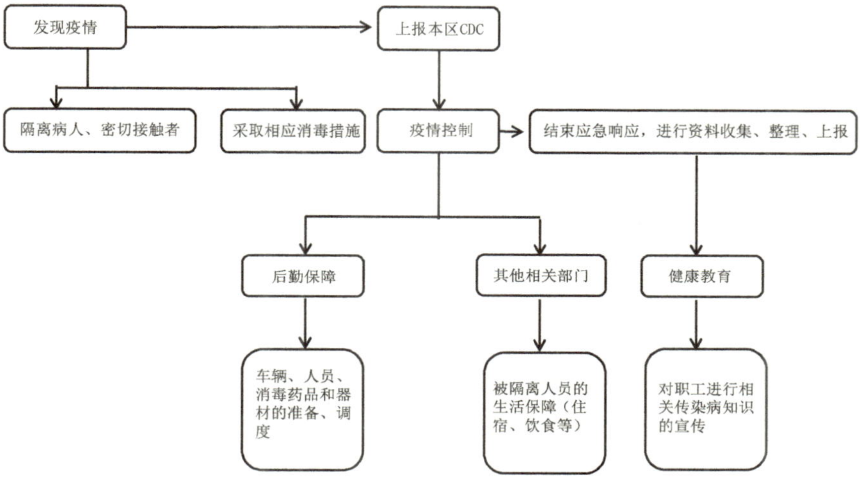

2. 视光中心

（1）工作标准。

①应由具备5年以上临床工作经验的视光师负责检查、训练工作。

②着装需符合国家医疗人员要求。

③每天开始工作前要复核视光中心相关物品是否摆放规范、整齐，是否有缺失。

④运动员初次到视光中心需建立病案，每次检查、训练都要记录并存进病案。

⑤视光检查要符合操作流程。

A. 检查项目包括视力、色觉、眼压、外眼、裂隙灯检查、免散瞳眼底照相。

B. 视力检查：先查右眼后查左眼，被检者双眼应与视力表 5.0 等高。

C. 色觉检查：采用标准色觉检查图谱检查。

D. 眼压检查：佩戴隐形眼镜者禁止做眼压检查。

E. 外眼检查：检查眼球突出度，观察眼球运动，观察有无眼眶肿瘤、炎症、血管畸形、甲状腺相关眼病，观察眼眶外上。

F. 裂隙灯检查：依次检查结膜、巩膜、角膜、前房、虹膜、瞳孔、晶状体、玻璃体。

G. 免散瞳眼底照相：依次检查视乳头、视网膜、黄斑。

⑥ 检查结果告知运动员并做记录，并将制订好的训练计划交给运动员，后期做好随访记录。

（2）工作流程图。

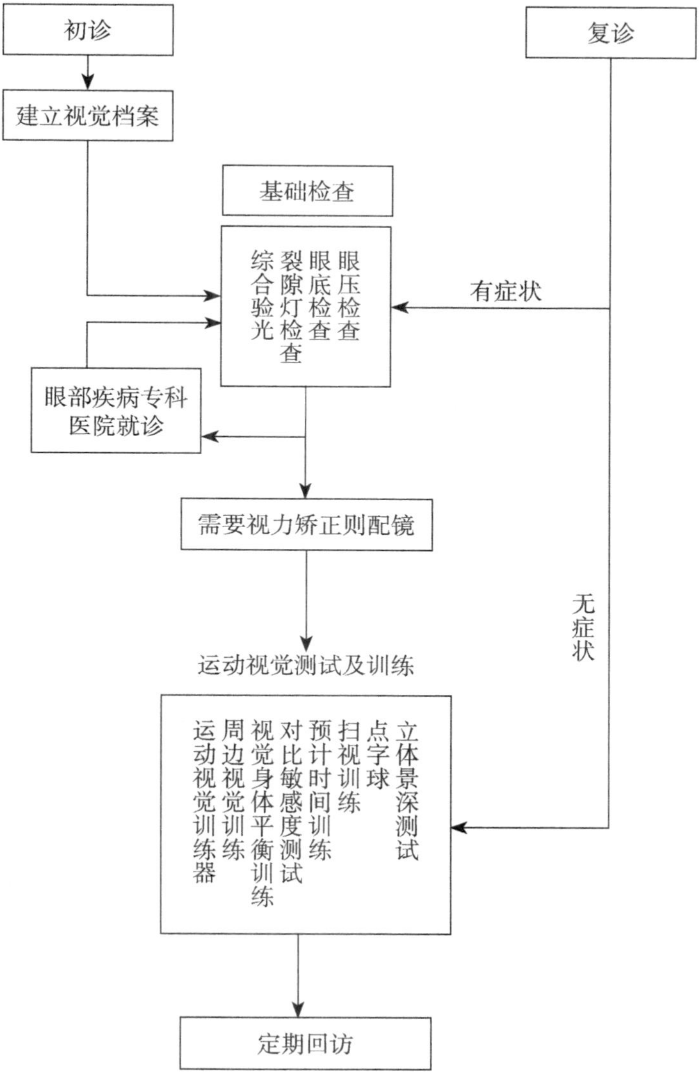
初诊
复诊
建立视觉档案
基础检查
眼压检查
眼底检查
裂隙灯检查
综合验光
有症状
眼部疾病专科医院就诊
需要视力矫正则配镜
无症状
运动视觉测试及训练
立体景深测试
点字球
扫视训练
预计时间训练
对比敏感度测试
视觉身体平衡训练
周边视觉训练
运动视觉训练器
定期回访

四、当前工作中存在的能够通过精细化管理解决的问题、困难及解决办法

（一）能够解决的问题

1. 康复科

（1）电子病历升级。由于局内门禁卡系统升级，新门禁卡无法录入治疗系统。

整改措施：暂时由纸质签到代替电子签到，与设备公司、基建维修处、综合管理处积极沟通，尽快解决新版门禁卡不能刷卡录入问题。

（2）外来人员出入康复中心。康复中心出入口较多，公共区域与多个部门和外租单位相互交叉，人员出入频繁，偶尔会有不相关或不知情人员进入康复中心。

整改措施：拟增加 1 名前台工勤岗位人员。提高前台人员责任意识，加强出入康复中心人员的管理力度，责任到人，严格控制外来人员出入康复中心

（3）治疗档案不够详细。电子病历系统使用以来，给治疗记录、伤病统计等方面带来了极大便利，但也存在着一些问题，如治疗师录入病历时会有漏填诊断结果的情况出现，对伤病统计造成一定影响。

整改措施：强调治疗档案精细化管理。运动员初次治疗时录入治疗项目、部位、计量的同时，填写详细的诊断结果和疼痛评分表；治疗期间按阶段、按要求填写疼痛评分表。

（4）无诊断证明。原因有两个方面：① 运动员、队医不了解康复中心的治疗流程；② 队医随队训练、比赛不在局内。

整改措施：值班治疗师应以备战奥运服务运动员为原则，对没有诊断证明的运动员，可做初步诊断后给予相应治疗，随后提醒运动员到队医处补充诊断证明，或者为运动员预约每周三的专家会诊时间。

（5）会诊记录不全。康复科成立以来，与北医三院运动医学科合作，每周北医三院的专家来康复科给运动员会诊，会诊人员较多，疏忽了会诊记录的填写工作。

整改措施：派人每周跟随出诊的康复师，需为运动员做详细的会诊记录（姓名、年龄、性别、专项、损伤原因、查体过程、诊断结果、治疗建议）。

（6）理疗设备操作规范问题。每天晚上治疗高峰期间，来治疗的运动员很多，治疗前疏忽了对运动员说明治疗禁忌，设备操作不规范。

整改措施：强调康复师治疗前必须详细询问运动员相关情况，说明理疗时的注意事项，避免出现治疗事故。强调理疗设备操作规范，避免各种设备的过度损耗。

（7）科研水平有待提高。近几年科室内发表论文和出版书籍较少，主要学习方向都投入到提高康复技能方面，疏忽了学术研究。科室内鼓励撰写科研论文，但没有硬性规定，原因是论文发表与职称待遇等方面没有直接联系，所以大家的积极性不高，在科研论文上投入精力较少，没有形成良好的学术研究氛围。

整改措施：拟定激励机制，提高大家的工作积极性，加强思想教育，提高认识，把学术研究作为必修课，积极撰写科研论文，提高科研水平，提升学术地位，提高科技含量。

2. 体能训练科

（1）如何打造世界一流的体能训练中心（硬件）？

做好场地现有器材的维修、保养服务和管理。招聘一名场地管理工，专业培训；固定维保经费，寻找优质合作维修厂家。

（2）如何培养一流的体能训练专业人才（软件）？

① 做好培训工作，营造良好专业学习、工作环境。内部培训、学习培训、队伍实践培训；定期开展内部学术、技术交流活动，带动共同进步和共同发展。

② 建立规范的跟队机制和激励机制。规范跟队机制，公平安排，建立统一的跟队制度，平衡内务和外训的关系；鼓励发表文章、出版作品、外出讲座、考证学习、带研究生。

（3）如何给国家队提供一流的科技服务（管理、机制）？

① 调研国家队需求，熟悉国家队，了解国家队，建立稳固的联系和对接机制，为国家队提供一流的硬件器材设备和训练环境。

② 加强人员服务意识，提升人员业务水平，以业务为核心，精细化设置体能检测、体能训练指导的精细流程和体系化建设。

③ 发挥体能训练的专业助力作用，提升体能训练的科研攻关水平，解决国家队的重点、难点、卡脖子问题。

3. 综合管理科

（1）医务室暂时没有医疗背景的工作人员，暂时由康复科其他具有医学背景人员参与医务室工作。

（2）医护人员的比例问题。暂时维持现有医护数量及比例，制订扩招计划，在后期工作中扩招。

（3）视光中心存在技术水平不高、内部宣传不够、技术人员数量不足、高端硬件实力无法发挥等问题。增加宣传，深入队伍，主动为其检测；与高端技术机构合作，开发硬件潜力，提升自我水平。

（二）存在的困难与解决的方法

1. 康复科

（1）硬件设备有待更新。康复科部分设备采购于建设初期，已从 2003 年使用至今。通过多年的精心维护和及时检修尚可正常使用。康复医学发展到今天，更新的理念和治疗手段层出不穷，可以说在硬件上康复科已经没有优势，很多设备只有更新换代才能满足治疗需求。

建议：向经济司申报设备经费，用于添置新设备，更新旧设备。

（2）场地面积略显局促。康复科现有 2 个理疗室、15 张治疗床，由于面积的局限，理疗设备摆放过于紧凑。高频电属于电磁辐射治疗，摆放要求是间隔至少 2 米，距离过近治疗设备会互相干扰，影响部分治疗效果。由于面积的限制，摆放设备和治疗床有限，运动员集中治疗时等待时间过长，大运动量训练后身心疲惫，导致不得不暂时放弃治疗。

建议：收回对外出租的北大厅用以扩大康复中心面积。

2. 体能科

（1）如何强化硬件。

①了解当前世界上的先进器材、设备和队伍需求设备。通过展会，国内外教练、体能教练、运动员推荐，厂家推介，以及队伍需求调研和产品功能比较调研获得全面信息。

②优化场地训练环境（温度、湿度、空气、门禁、补水、补剂、灯光、音响等）。

③加强场地秩序维护（教练、运动员、健身人员、体能教练、参观人员）。招聘 1 名场地管理工并进行专业培训；安装智能化人脸识别门禁系统。

（2）如何解决人员的发展问题。推动和优化人员职称序列晋升。现有科研人员职称晋升序列，未来体能训练师职称晋升序列。

3. 综合管理科

（1）针对人员数量及技术不足问题，制订计划，招聘符合要求的技术人员。

（2）深挖现有人员潜力及硬件设备功能，扩充业务容量。

五、精细化管理新举措

（一）康复科

（1）设备器材管理。建立设备器材统计表，对康复科现有设备器材进行全面的统计、存档，对设备损耗情况逐一排查。

（2）设备器材维修保养管理。建立理疗、康复、水疗设备维修记录表。

（3）建立文献资料库。指派专人管理，对国内外最新、最权威、最具影响力的康复杂志和文献进行筛选，建立文献数据库，供康复师随时查阅学习。

（4）科室内培训。完善新人入职和实习生培训计划，指派专人为实习指导教师，负责实习生实习期间的培训、考核、管理工作。

（5）业务分享会。扩展业务分享会内容，不局限于工作汇报的方式。分享的内容：翻译英文文献、治疗中碰到的问题和困难、最新的治疗方法和理论、新设备的介绍、国际康复治疗动态和信息等。可以请体能科的同事一起参与讨论，加强科室间的业务交流和信息沟通，增强团队凝聚力，开阔工作思路，采用多种多样的形式，增进交流，共同成长。

（6）制定考核激励机制。制定相对公平、可量化的考核机制，提高工作质量和工作效率；制定合理、合规的激励机制，调动工作的积极性、主动性。

（7）与科研机构合作，参与科研课题研究、设备研发测试等项目。在不违背国家机关、体育总局及训练局各项管理规定的前提下，与社会康复机构寻求多方面合作。

（8）在时间、工作任务、人员安排允许的情况下，对不驻局的国家队、省市队运动员适当开放康复治疗资源。

（9）在不违背国家机关、体育总局及训练局各项管理规定的前提下，鼓励康复师在保质、保量完成康复科的工作后，利用工作 8 小时以外的时间，学有所用，服务大众。

（10）在条件允许的情况下，提供各种学习、交流的机会，让康复师走出去多讲、多学、多看、多听，紧跟康复治疗发展的脚步。

（二）体能训练科

（1）根据新形势下的新需求，重新梳理体能训练科的各项规章制度，包括《体能训练中心整体管理办法》《体能训练场地维修保养规定》《跟队训练管理办法》《保密工作安全责任书》《锻炼人员管理办法》《转训队伍管理办法》《节假日值班制度和排班管理》《实习生管理制度》《人员业务培训制度》《人员奖惩制度》等细节内容。

（2）扩大招聘体能训练师，满足当前许多运动队找训练局借人的需求，为多支重点运动队提供体能训练的科技助力服务。

（3）设置体能检测师，招聘专业人员，解决队伍需要的体能检测服务问题。

（4）设置场地管理岗位，招聘合格人员，保障场地正常运行不受干扰，分担体能训练师、体能检测师的工作量。

（5）既加强管理又灵活变通，服务好体育总局备战专家团队和跨界选材转训队伍。

（6）重建内部培训制度和外出学习制度，设置奖惩机制，促进大家加强业务学习，鼓励、支持做出一定学术成果、队伍好评较高的业务工作人员。

（7）建立起国家队体能教练微信工作群，与国内外同行进行沟通以及教练、信息公告发布和协助场地管理。

（三）综合管理科

（1）医务室在医政、医保报销、体检、献血等方面的工作完全能够按照流程图实施并保质、保量。

（2）视光中心已将工作阵地前移，主动出击，在大屏幕上做好宣传工作，让运动员知道有运动视觉的各项服务，同时与各支运动队沟通，根据项目特点，量身定做检查项目及训练计划。此外，部门也在积极地寻找合作伙伴来提升自己的技术水平。

六、实施精细化管理后的工作目标和预期效果

（一）康复科

（1）归纳整理规章制度，规范工作流程，加大监督力度，提高服务水平。

（2）制定考核机制，提高工作质量、工作效率。

（3）制定激励机制，提高工作积极性、主动性。

（4）增加科室之间的交流，加强沟通，增强团队凝聚力和协作能力。

（5）通过对外交流、讲学授课，提高业内知名度和影响力。

（6）开放康复科部分权限，增加治疗量，积累经验，提高业务水平。

（7）增加派遣学习人次，更新知识，开阔眼界，拓展服务项目。

（8）与科研机构深度合作，提高科研水平，增加科技含量，提升学术地位。

（二）体能训练科

（1）让运动队享受到更高标准，更人性化，更科学，更安全的训练场地、训练设备和训练环境。

（2）提升专业人员加强业务学习的动力，形成良好的学习和研讨氛围，逐步成为国内的知名专家，同时在业内以及国际上有一定的话语权。

（3）让来体能训练中心的参观人员、健身人员、交流学习人员、实习人员有更好的场地体验、科技服务体验，认可训练局的科技服务，逐步打造出软硬件和服务都是国内领先、世界一流的体能训练中心。

（三）综合管理科

（1）实施精细化管理后，医务室的目标是在 2020 年实现医保单据图文识别、电子档案管理。

（2）视光中心在 2020 年 3 月底之前，利用目前的人员、硬件为备战奥运会的主力运动员普查运动视觉，并建立电子档案，同时主力运动员对视光中心也是最好的宣传，争取在 2020 东京奥运会之前收到运动队的主动视光检查要求。

教育培训处精细化管理工作报告

一、部门工作职责

教育培训处是负责驻局运动队运动员文化教育工作的业务部门。

（1）负责宣传、贯彻、执行党和国家及上级部门有关运动队文化教育的政策、法规。

（2）负责制定驻局运动员文化教育工作规章制度，并监督、检查各项规章制度的落实与执行情况。

（3）负责制定驻局运动员义务教育、中等专业教育的发展规划和年度教学计划，并组织落实。

（4）负责引导驻局运动队开展素质教育学习，根据各运动队的学习需求，制订阶段性运动员素质教育学习计划，落实和组织运动员素质教育工作的开展。

（5）负责外聘教师的聘请、管理及处内人员的教育、管理、培训工作。

（6）负责训练局内外的业务培训。

（7）负责本部门合同台账、固定资产日常管理工作。

（8）承办领导交办的其他工作。

二、岗位设置与岗位职责

（一）岗位设置

教育培训处设置教育培训处处长 1 人、副处长 1 人、教学主管 1 人、教务主管 1 人、培训主管 1 人、考勤主管 1 人、后勤主管 1 人。

（二）岗位职责

1. 教育培训处处长岗位职责

（1）负责在驻局运动队中开展基础教育、素质教育工作，组织教学研究、教学总结、教师业务学习和培训工作，负责运动员学年成绩的考核和优秀学员的评定工作。

（2）根据体育总局要求和运动队需求，提出驻局运动员在不同阶段的教育发展规划，不断探索运动员教学的办学思路与发展模式。

（3）负责本部门的业务和行政管理工作，制订工作计划和各项规章制度并监督执行。

（4）负责本部门职工的管理教育、业务学习，提出使用和奖惩建议。

（5）管理本部门经费、设备和物资。

（6）完成上级领导交办的其他工作。

2. 教育培训处副处长岗位职责

（1）在正职的领导下，协助开展本部门工作，做好分管业务。

（2）完成上级领导交办的其他工作。

3. 教学主管岗位职责

（1）负责基础教育教学计划任务的下达、审核和确定。

（2）负责教案、试卷等教学资料的收缴和审核，及时检查教师教学情况。

（3）负责教师听、评课活动和外聘教师的评价工作。

（4）负责基础教育班主任工作。

（5）负责乒乓球一、二队的素质教育联系、协调、组织、落实等工作。

（6）负责预算申报、执行和财务报销等工作。

（7）负责运动员学习情况网络推送等工作。

（8）完成领导交给的其他工作。

4. 教务主管岗位职责

（1）负责外聘教师的聘任和管理工作，以及基础教育授课工作的组织和落实。

（2）负责在校运动员的入学编班、报到注册、成绩登记等学籍管理工作。

（3）负责教材、美术等教学用品的订购、发放、登记等工作。

（4）协助开展教师听、评课活动和教师的评价工作。

（5）负责基础教育班主任工作。

（6）负责体操队、跳水队的素质教育联系、协调、组织、落实等工作。

（7）负责文件起草以及文档、合同管理等工作。

（8）完成领导交办的其他工作。

5. 培训主管岗位职责

（1）负责训练局内、外业务培训工作的开展。

（2）制订切实可行的教师培训计划和部门内部的学习计划，组织开展教学研究活动。

（3）协助开展教师听、评课活动和教师的评价工作。

（4）负责基础教育和素质教育活动的策划、实施以及资料留存工作。

（5）负责基础教育班主任工作。

（6）负责篮球队、女排队的素质教育联系、协调、组织、落实等工作。

（7）负责规章制度的制定、监督实施等工作。

（8）完成领导交办的其他工作。

6. 考勤主管岗位职责

（1）校区和班级宣传栏的策划、宣传等工作。

（2）负责基础教育和素质教育课时、内容、队员出勤等数据的统计、汇总和分析工作。

（3）负责基础教育班主任工作。

（4）负责田径队、举重队、游泳队、花泳队的素质教育联系、协调、组织、落实等工作。

（5）负责全日制本科班工作的组织和落实。

（6）完成领导交办的其他任务。

7. 后勤主管岗位职责

（1）负责教学用品、办公用品等物品的登记、保管等工作。

（2）负责办公设备、教学设备的维修、维护工作。

（3）负责学校的资产核对、保管、更新、报废等工作。

（4）负责基础教育班主任工作。

（5）负责羽毛球队的素质教育联系、协调、组织、落实等工作。

（6）负责学校后勤服务、安全保卫、校区环境布置等工作。

（7）完成领导交办的其他任务。

三、工作标准工作流程

（一）工作标准

1. 教学工作

（1）制订并审核教学计划：教学计划契合运动员教学实际，开学 2 周之内收缴完成，2 周之内审核修改完成。

（2）跟踪教学进度：每周收缴教案并把教案和计划进行核对，如有问题，及时查询原因并进行改正。

（3）成绩评定的监控：作业成绩评定每周至少 1 次，阶段性考试成绩评定每学期不少于 2 次。每学年 4 次检查试卷、作业和记分册。上下学期各检查 2 次。

（4）评价教师：每学年 2 次听课和 2 次学生评价，听课人员填写“课堂教学检查项目表”，组织运动员填写“教师教学情况测评表”。

2. 教务工作

（1）聘任教师：遴选足够数量的、符合任教资格的教师来校任教，每学年听 1 次新聘教师的课，听课人员填写“课堂教学检查项目表”并于学年末交给教学主管保管。

（2）准备教材、教学用品和学生用品：开学前购买到位，及时发放。

（3）组织上课：每周和运动队沟通运动员的上课情况，特殊情况随时沟通；及时为教师调课，保证课堂教学的正常进行。

（4）学籍管理：新生到校 1 个月内凭原学籍所在地开具的学历证明完成学籍登记、建档，学年结束后 1 个月内完成成绩和评语记录。

3. 教研工作

（1）制订教研计划：开学前制订全学年教研计划。

（2）实施教研活动：每学年至少 3 次教研活动，每次活动要求留存教师教研资料。

（3）教学培训：每学年至少 2 次教学培训，要求教师撰写培训总结。

4. 素质教育

（1）联络队伍，摸清学习需求：1 季度至少联系 1 次，特殊情况随时联系。

（2）制定素质教育学习方案：方案切实可行，贴合运动队实际需要，得到运动队认可。

（3）组织实施素质教育学习：按照方案确定的计划安排课程。

（4）效果评估：课后及时收集反馈意见并提出改进措施。

5. 全日制本科班教学

（1）获取运动员名单和培养计划：每年9月，联系北京体育大学，把北京体育大学提供的运动员名单和驻局运动员原班级人员名单进行核对确认。

（2）组织上课和考试：根据教学计划安排上课和考试时间，及时通知运动员。

（3）统计运动员已完成和未完成科目：每科考试结束后及时记录。

（4）协助队员办理转学、延期、毕业等工作：按照北京体育大学的通知告知运动员并及时记录和后续跟进。

6. 学生活动

（1）制订学年活动计划：开学前制订完成。

（2）组织实施：每学年至少2次学生活动。

（3）活动总结：1周内完成活动总结。

7. 班主任工作

（1）制订班主任工作计划：开学前制订完成。

（2）开主题班会：每学年1次，要求主题明确、内容丰富集中、切合运动员需要，具有良好的教育和引导作用。

（3）开展运动员思想教育和纪律教育：每天。

（4）与教练交流运动员在校情况：每月1次。

（5）撰写评语和发放成绩单：学年结束后 2 周内完成。

8. 值班工作

（1）上课前：准备通风、室温、饮用水及教学设备；关注教师和运动员到校情况，开课前 5 分钟教师和运动员未到校，及时联系他们并采取措施。

（2）上课期间：每节课巡视 2 次，及时处理问题，必要时向处领导请示汇报。

（3）下课后：关闭全校范围内水、电、门窗，填写值班记录。

9. 考勤工作

（1）基础教育运动员考勤：每周五统计并反馈给运动队。

（2）基础教育教师考勤：每月 1—5 日统计上月出勤情况并反馈给报销人员。

（3）素质教育运动员考勤：每月统计 1 次。

（4）素质教育教师考勤：每月统计 1 次。

10. 宣传工作

（1）政策与制度宣传：开学前制作完成工作手册和学生手册。

（2）校区板报宣传：开学前制订计划，每月更新。

11. 财务工作

（1）专项经费申请：每年 7 月、12 月报送计划。

（2）课时费报销：每月 6 日之后报销，1 周内完成。

（3）其他报销事项：每周 1 次。

12. 文档管理

（1）请示：1 天完成撰写，当天报送局办。

（2）合同：新合同 2 天内登记，每季度汇报 1 次合同归档及执行情况。

13. 后勤工作

（1）教学设备维修、维护：2 个月维护 1 次，随时维修。

（2）资产保管和报废：新资产 1 周内入账，按季度汇总报废资产。

（3）安全检查和卫生检查：每天 1 次，发现问题及时处理和汇报。

（二）工作流程

1. 教学计划的布置与审核工作流程图

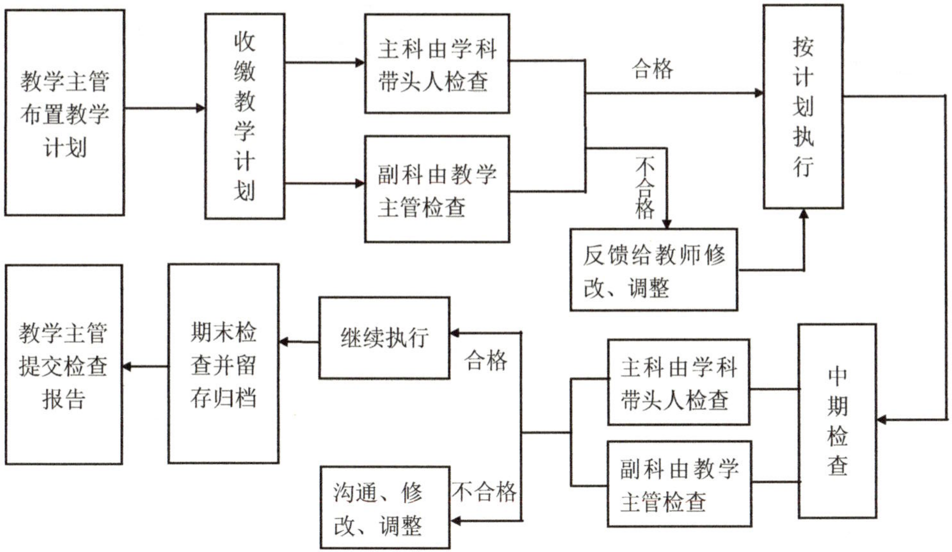

2. 教案检查和审核工作流程图

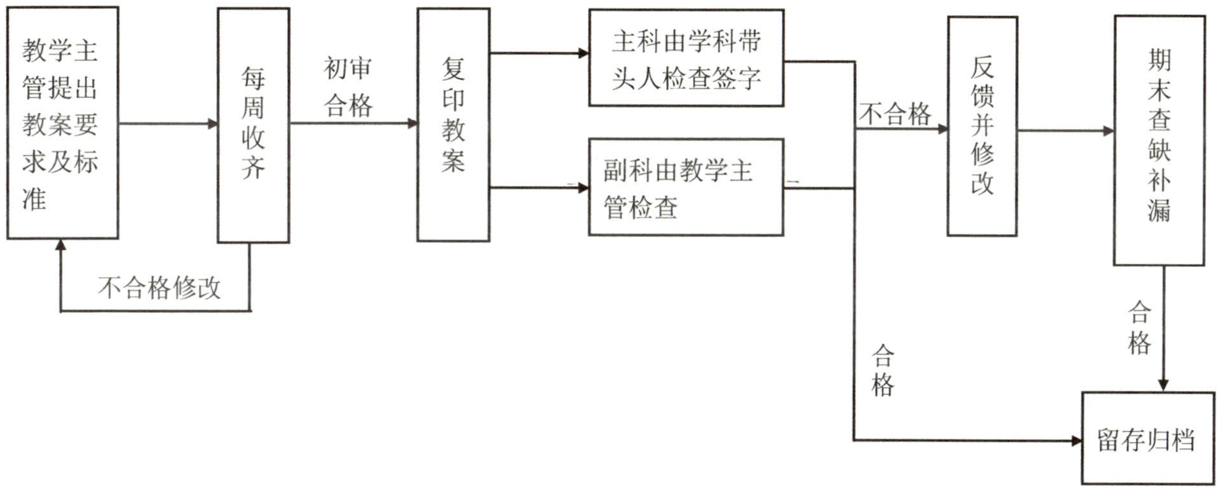

3. 基础教育组织上课流程图

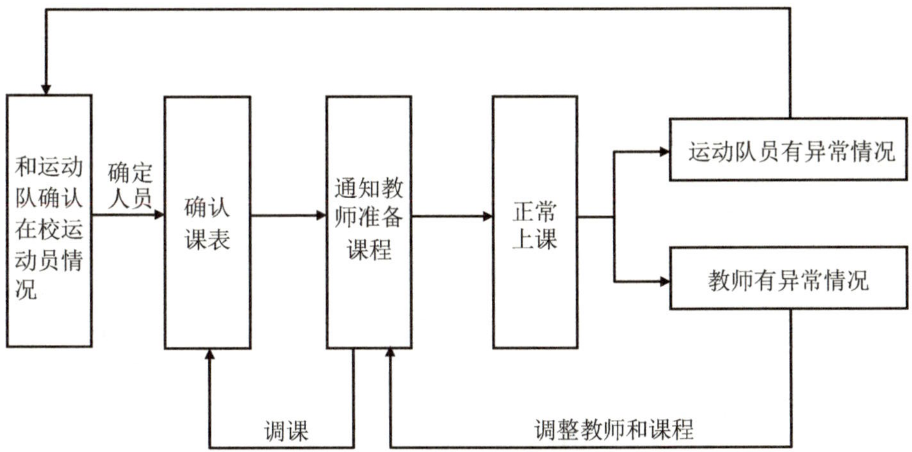

4. 组织运动员活动工作流程图

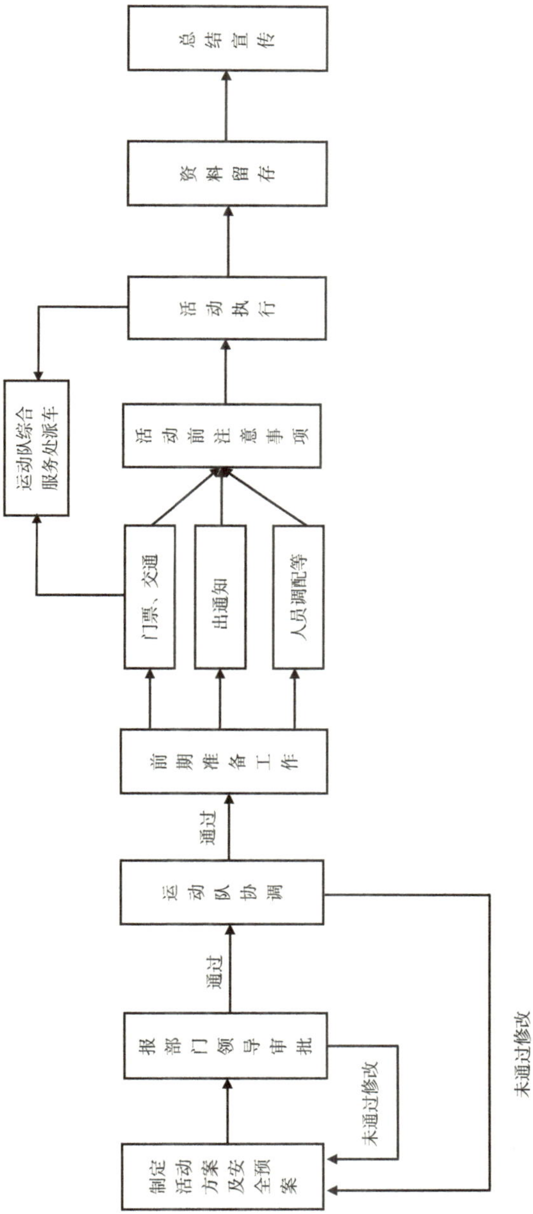

5. 值班工作流程图

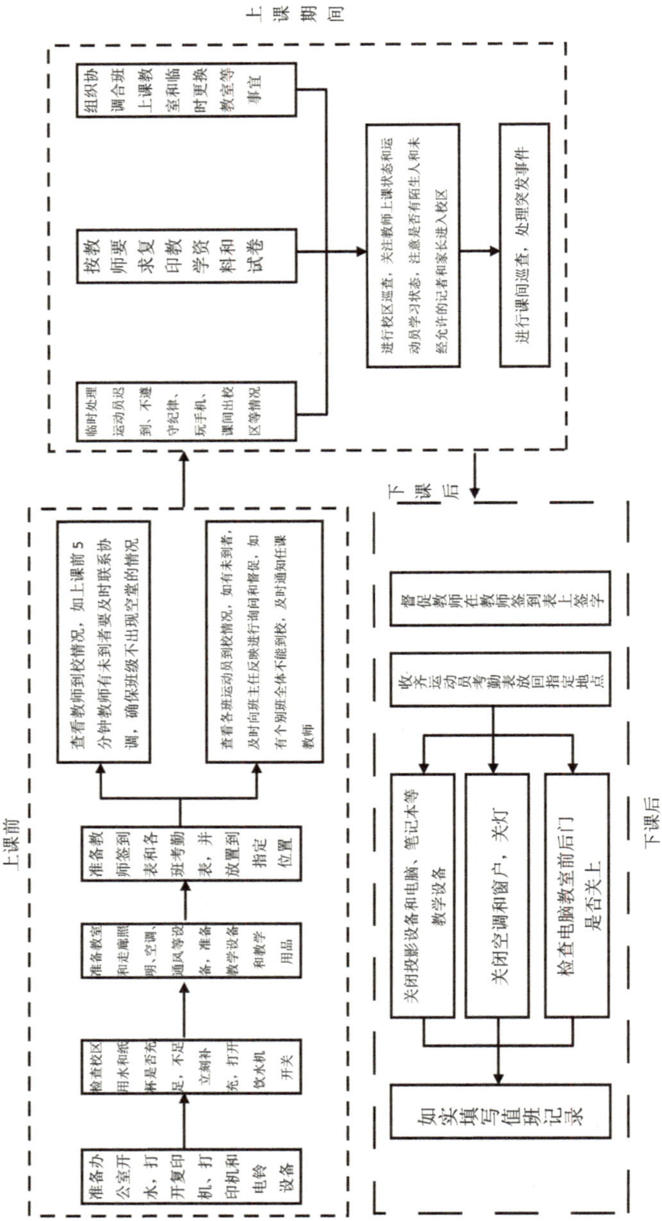
上课前
准备办公室开水，打开复印机，打印机和电铃设备
检查校区用水和纸杯是否充足，不足立刻补充，打开饮水机开关
准备教室和走廊照明，空调，通风等设备，准备教学设备和教学用品
准备教师签到表和各班考勤表，并放置到指定位置
查看教师到校情况，如上课前5分钟教师有未到者要及时联系协调，确保班级不出现空堂的情况
查看各班运动员到校情况，如有未到者，及时向班主任反映进行询问和督促，如有个别班全体不能到校，及时通知任课教师
上课期间
临时处理运动员迟到、不遵守纪律、玩手机、课间出校区等情况
按教师要求复印教学资料和试卷
组织协调合班上课教室和临时更换教室等事宜
进行校区巡查，关注教师上课状态和运动员学习状态，注意是否有陌生人和未经允许的记者和家长进入校区
进行课间巡查，处理突发事件
下课后
督促教师在教师签到表上签字
收齐运动员考勤表放回指定地点
关闭投影设备和电脑、笔记本等教学设备
关闭空调和窗户，关灯
检查电脑教室前后门是否关上
如实填写值班记录
下课后

6. 基础教育班主任工作流程图

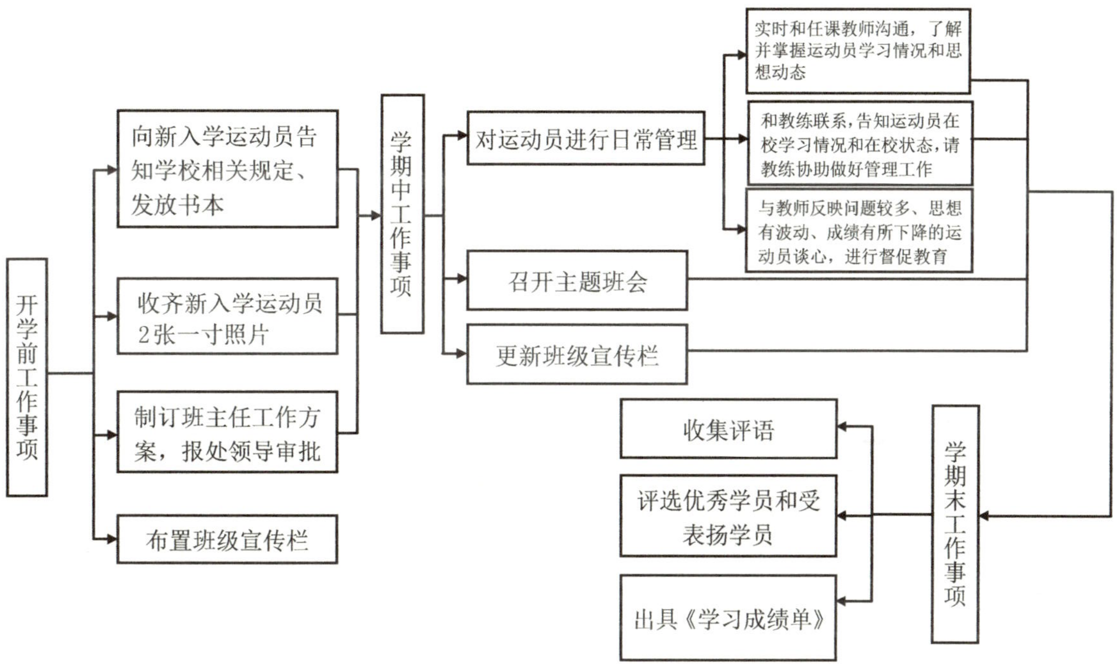

7. 基础教育开学工作流程图

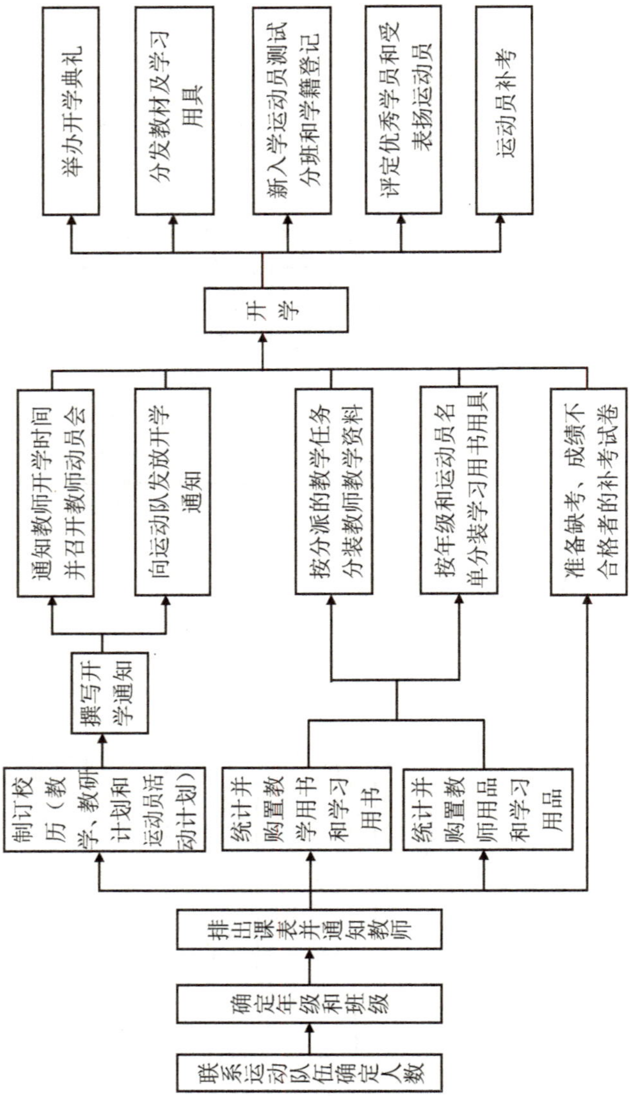

8. 基础教育期末工作流程图

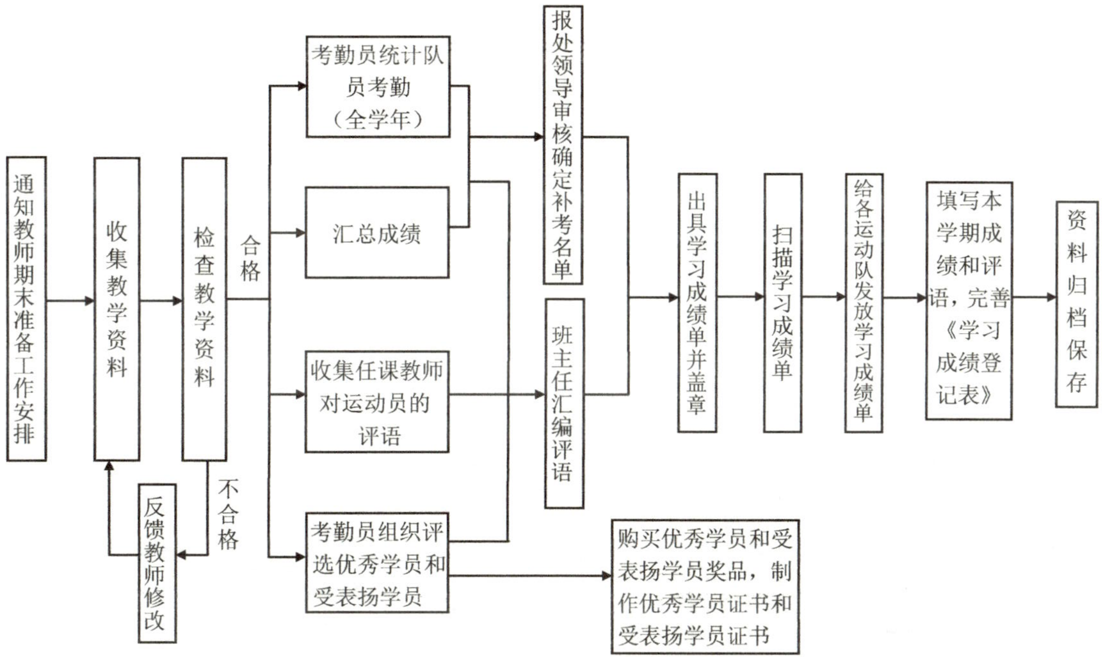

9. 春、秋季教学用书工作流程图

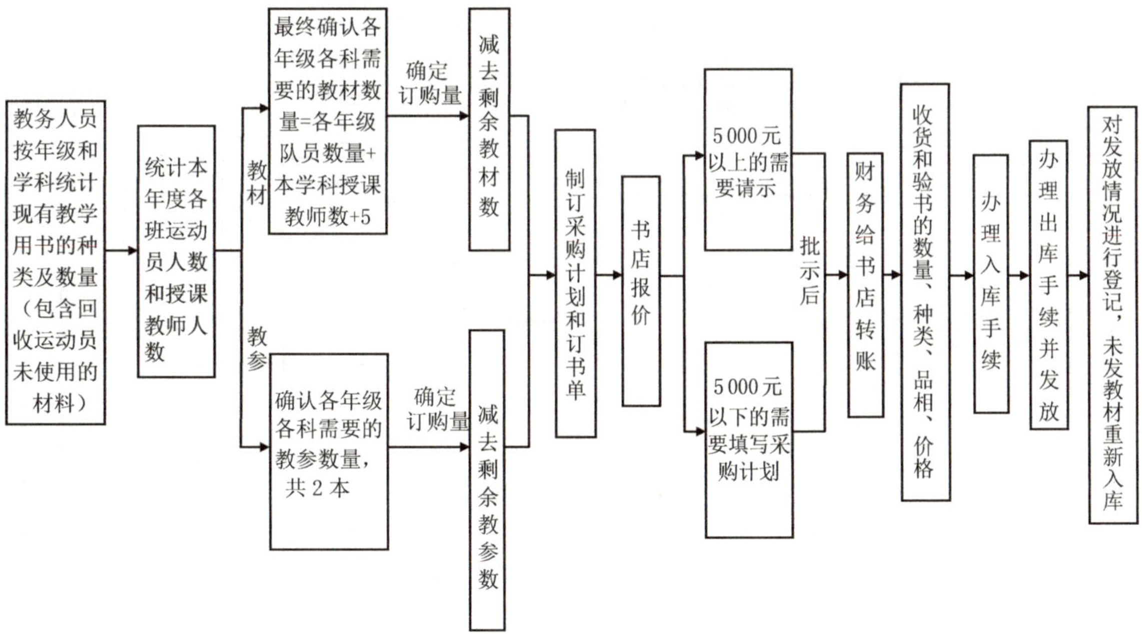

10. 基础教育教师考勤工作流程图

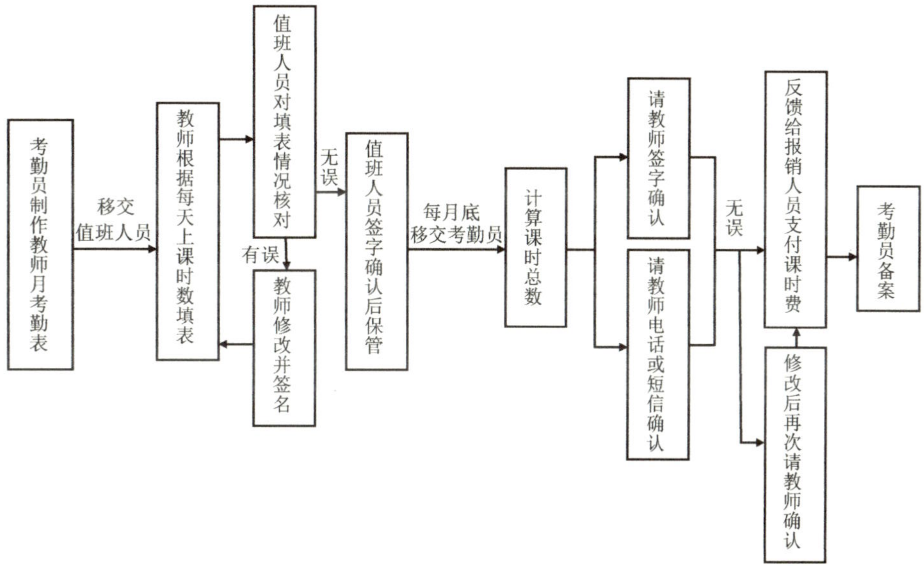

11. 基础教育运动员考勤工作流程图

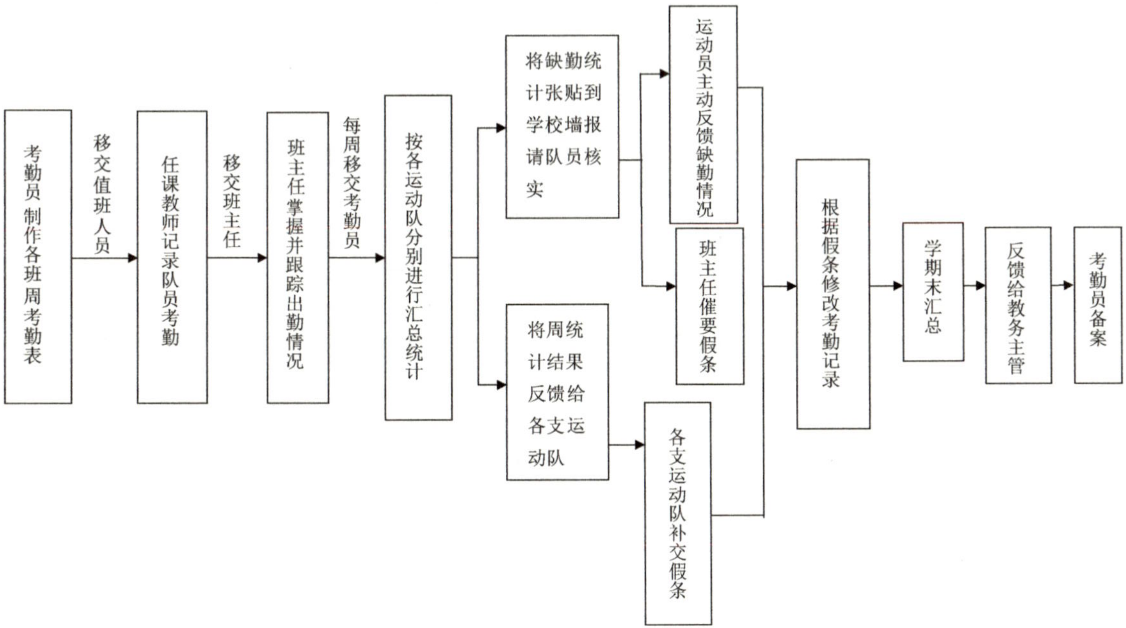

12. 素质教育教学及活动实施工作流程图

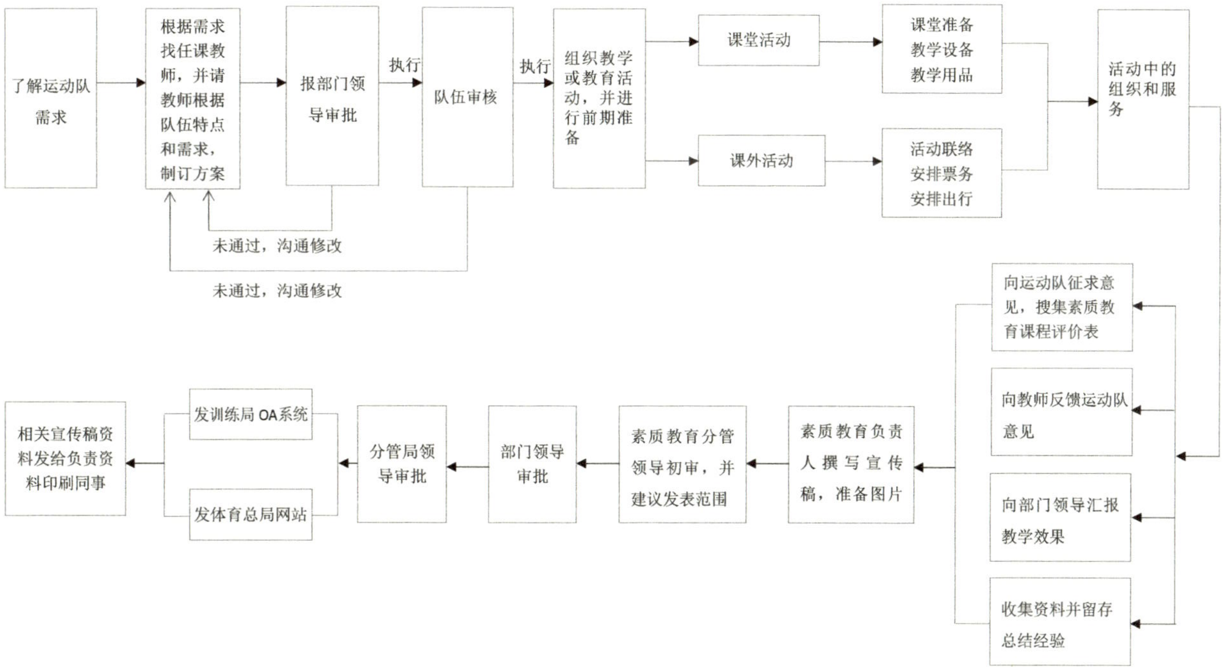

13. 素质教育考勤工作流程图

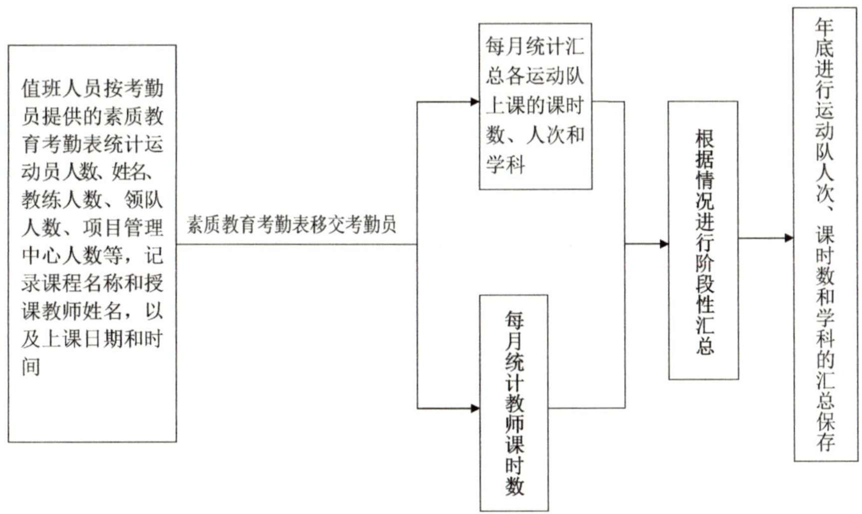

14. 请示工作流程图

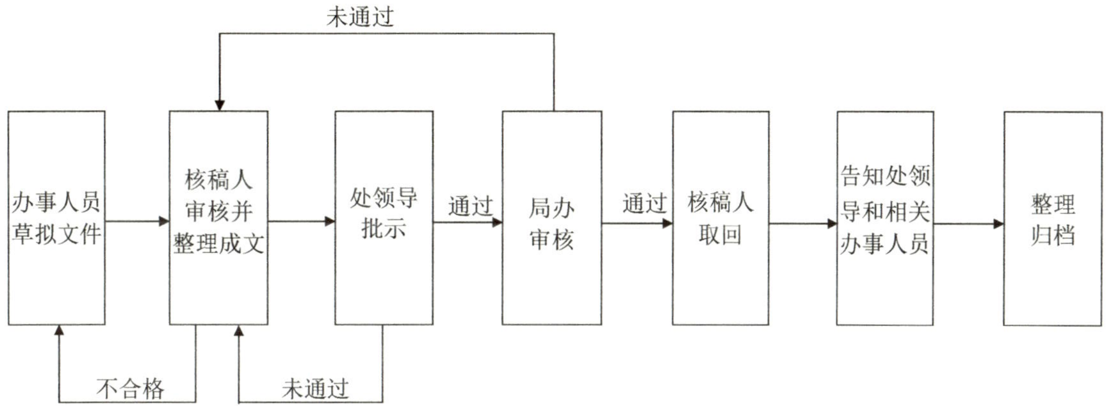
办事人员草拟文件
核稿人审核并整理成文
处领导批示
局办审核
核稿人取回
告知处领导和相关办事人员
整理归档
不合格
未通过
通过
通过
未通过

15. 财务预算工作流程图

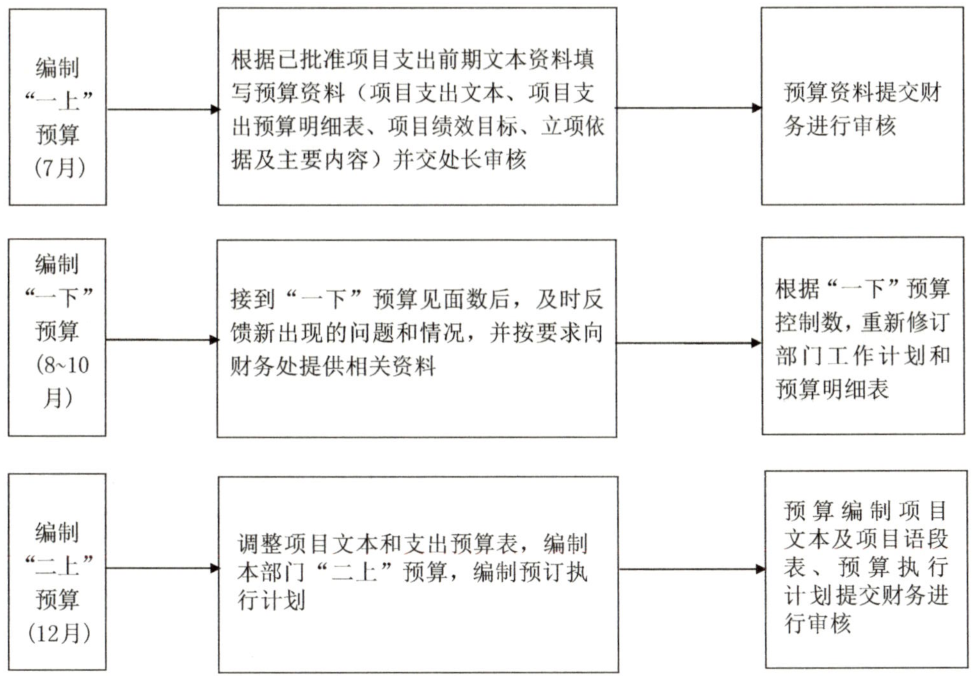

16. 经费支付工作流程图

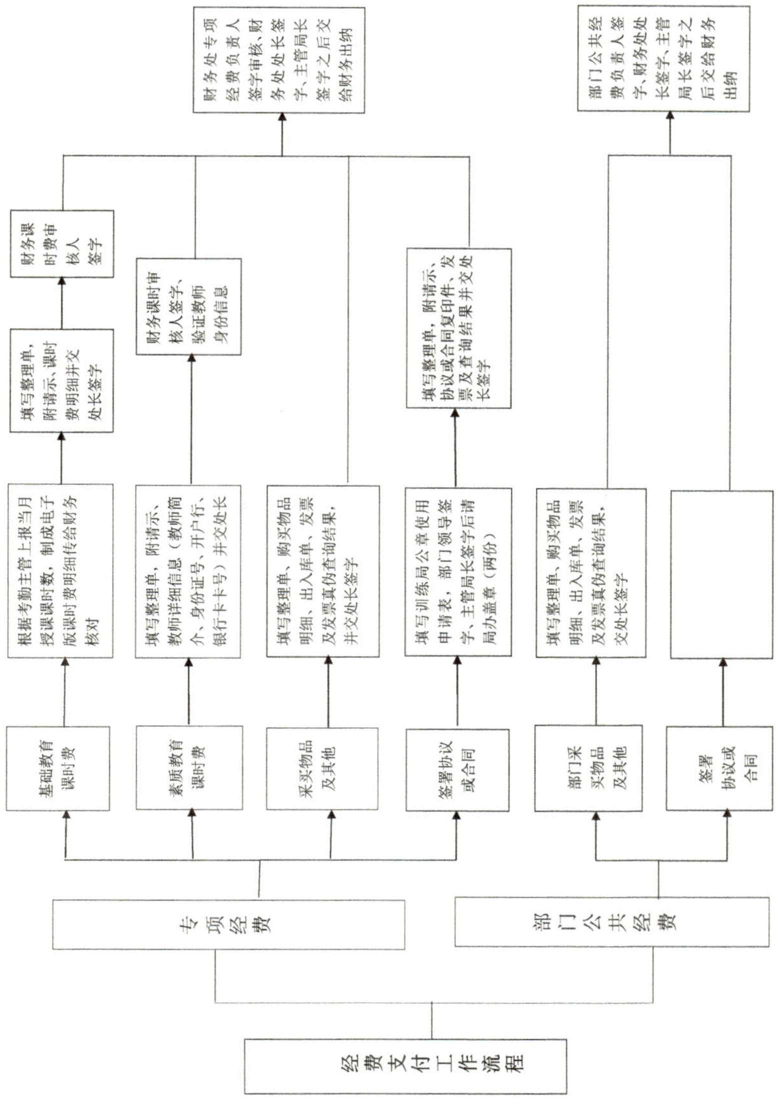

四、通过精细化管理能够解决的问题和困难

（1）管理和服务工作的随意性、主观性等问题。通过树立精细化管理和服务意识，统一思想，为落实精细化管理和服务工作打好思想基础。

（2）与运动队还没有建立起固定、密切的联系，以至于不能及时掌握运动队的素质教育学习需求。通过建立季度调查的沟通机制，使用“运动队学习需求确认表”，准确把握运动队的学习需求。

（3）责任不清，造成相互推诿、扯皮的现象。通过进一步明确职责，落实责任制，形成“事有人干、责有人担”的良好运行机制。

（4）工作内容不好衡量，工作成绩不便于考核。通过量化工作指标，以任务完成时间为节点，更易于考核和监督。

五、精细化管理新举措

（1）在全处召开精细化管理和服务的动员会，提高大家对建立精细化管理体系必要性的认识，组织大家学习和研究教育培训处的精细化管理体系。

（2）完善制度建设。对现有制度进行审核，凡是和精细化管理体系不相适应的制度立刻进行修改；建立部门工作表单，形成规范化的督促、检查模式。

（3）在基础教育外聘教师中开展“如何上号备一堂课”的教学研讨，通过相互交流和研究，提高教师对运动员文化教育工作的重视，从细节入手，根据运动员实际情况备教材、备教法，为

运动员提供优质教学。

六、实施精细化管理后的目标和预期效果

通过精细化管理体系的建立，提高教育培训处工作人员的科学管理意识和服务精细化的水平，做到职责更清、任务更明、分工更细。建立“各就各位、各尽其责、相互协调、相互配合”的工作机制，形成工作衔接无缝隙、工作流程更顺畅、工作管理有成效、工作考核易衡量的工作标准，为建设“科、训、医、教、服”一体化世界一流的训练基地奠定科学、完善、与时俱进的教育培训精细化服务管理体系基础。

基建维修处精细化管理工作报告

一、部门工作职责

基建维修处是负责训练局基本建设、维修改造、能源设备、弱电系统运行和管理工作的业务部门。

（1）负责宣传、贯彻、执行党和国家及上级部门有关基本建设工作的法律、法规。

（2）负责制定训练局基本建设、维修改造工作的规章制度，并监督、检查各项规章制度的落实与执行情况。

（3）负责编制训练局总体与专项建设规划、年度中央预算内基本建设投资计划、基本建设项目和专项维修改造项目财政预算文本。

（4）负责落实基本建设项目和维修改造项目的前期工作，包括编制项目建议书、可行性研究报告、初步设计及投资概算，并向体育总局报批；向北京市规划和自然资源委员会、北京市住房和城乡建设委员会、北京市文物局、北京市公安局公安交通管理局、北京市园林绿化局、北京市消防救援总队等主管部门报批。

（5）负责基本建设项目和维修改造项目的勘察、设计、施工和监理的招投标工作，负责小型维修材料的采购工作。

（6）负责基本建设项目和维修改造建设项目工程的施工管理、合同管理、档案资料管理和竣工验收工作；协助财务部门、资产管理部门做好竣工财务决算、编制报批和固定资产移交工作。

（7）负责训练局的能源和设备运行管理工作，包括编制年度能源、设备维护与保养和更新改造财政预算文本，训练局水、电、冷、热、电梯等设施、设备的采购、运行、维护和节能管理等工作。

（8）负责训练局的弱电系统设备运行管理工作，包括编制年度弱电系统设备运行和更新改造财政预算文本，楼宇自控系统运行、维护管理，局域网、办公网设备的安全运行、维护管理，有线、无线电话通信系统运行、维护管理，电视接收系统、视频音响电子记分设备运行、维护管理，为各处室采购电子设备提供技术指导。

（9）负责训练局产权房屋、建筑物、公共设施设备、围墙、道路等的维护工作。

（10）负责训练局防汛工作。

（11）负责本部门合同台账、固定资产日常管理工作。

（12）承办领导交办的其他工作。

二、岗位设置与岗位职责

（一）岗位设置

基建维修处设置基建维修处处长 1 人、副处长 2 人、综合业务科（能源办公室）科长1人、工程管理科科长1人、合同预算科科长1人、电力科科长1人、空调科科长1人、水暖房修科科长1人、信息技术科科长1人。

（二）岗位职责

1. 基建维修处处长工作职责

（1）在分管局长的领导下，主持基建维修处全面工作。

（2）认真贯彻执行国家有关政策、法规和制度，坚持按照程序开展工作，努力完成训练局的各项基建维修工作。

（3）负责基建维修处人员的工作分工、防汛及日常管理。

（4）负责对外及训练局内各部门之间的协调工作。

（5）完成局领导交办的其他工作。

2. 基建维修处副处长岗位职责

（1）负责协助处长做好基建和项目维修、协调管理、工会和日常事务等工作。

（2）认真贯彻执行国家有关政策、法规和制度，坚持按照程序开展工作，完成训练局的各项基建维修工作任务。

（3）负责分管科室的具体指导工作。

（4）完成领导交办的其他工作。

3. 综合业务科（能源办公室）科长岗位职责

（1）负责组织全处文件收发、日常行政事务的管理。

（2）负责全处年度各类预算的汇总编报。

（3）负责工程类项目的招标采购工作。

（4）负责组织训练局能源管理及节能工作。

（5）负责编制训练局年度能源预算及用能分析。

（6）完成领导交办的其他工作。

4. 工程管理科科长岗位职责

（1）负责基建维修改造项目开工前的各项准备工作及施工全过程管理工作。

（2）负责施工过程中施工单位、监理单位、设计单位及其他相关单位之间的协调、管理工作。

（3）负责工程管理科职责范围内的其他工作。

（4）完成领导交办的其他工作。

5. 合同预算科科长岗位职责

（1）负责全处工程合同的管理，包括所辖工程投资分析与控制、工程的结算审核及工程款的支付。

（2）负责训练局基建维修改造项目的前期各项工作。

（3）负责合同预算科职责范围内的其他工作。

（4）完成领导交办的其他工作。

6. 电力科科长岗位职责

（1）负责训练局变配电设备及电梯的运行管理工作。

（2）负责训练局电气专业的日常维修。

（3）负责电力科职责范围内的其他工作。

（4）完成领导交办的其他工作。

7. 空调科科长岗位职责

（1）负责训练局空调系统设备的运行维护及管理工作。

（2）负责东院地热水系统运行维护及管理工作。

（3）负责训练局空调专业的日常维修工作。

（4）负责空调科职责范围内的其他工作。

（5）完成领导交办的其他工作。

8. 水暖房修科科长岗位职责

（1）负责东院锅炉及西院热力站设备的运行管理。

（2）负责训练局供暖及给排水专业的日常维修工作。

（3）负责训练局产权内房屋建筑、道路的维护管理。

（4）负责训练局房屋建筑的日常维修及夏季防汛工作。

（5）负责水暖房修科职责范围内的其他工作。

（6）完成处领导交办的其他工作。

9. 信息技术科科长岗位职责

（1）负责训练局局域网的运行管理和日常维护。

（2）负责训练局电视接收系统，有线、无线电话通信系统，以及 OA 系统的管理维护。

（3）完成领导交办的其他工作。

三、工作标准与工作流程

（一）小型维修和维修改造工作标准与工作流程

维修需求发生后，基建维修处的相关专业科接到维修任务单或电话通知后，应在 2 小时内到达现场。根据维修工作量和维修费用按以下 3 种情况区别实施。

1. 维修费用在 5 000 元（不含）以下的

维修任务确认后，基建维修处相关专业科室应第一时间与使用单位取得联系，并安排维修人员到达现场，实施维修工作。完成任务后，请使用单位安排人员在“日常维修申请表”上签字确认。

施工单位原则上为维保单位。

科长为项目负责人，负责监理施工，与使用部门协调施工事项，收集确认施工资料，由主管业务科长负责竣工验收。

维修费用按月结算，最终结算价以审计审定为准。

工程付款由合同预算科负责，付款所需提供资料按财务处规定执行。

5000元（不含）以下的维修改造项目工作流程

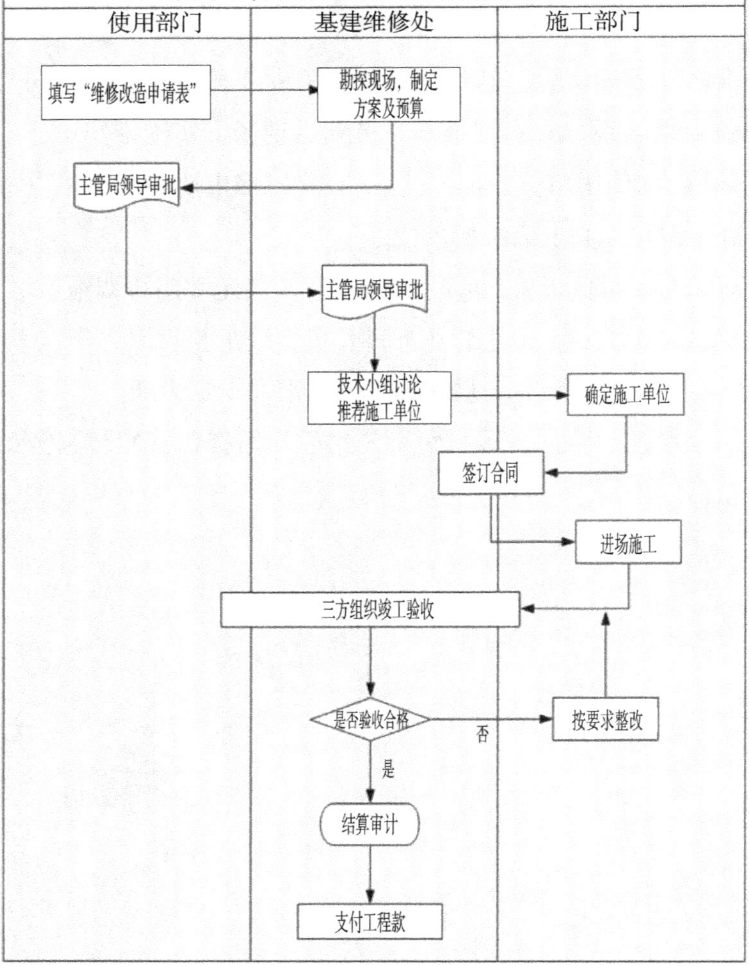

2. 维修费用在5000元~10万元之间的

使用部门在局内OA系统上重新填写“维修改造申请表”，按局内OA系统网上流程，并与基建维修处先行沟通后，报使用部门主管副局长批转基建维修处主管副局长批准，批转到基建维修处落实。

主管科长负责单独或与施工单位共同拟定施工方案、概预算、合同、请示等上报主管副处长审核确认。主管副处长将概预算、合同安排基建维修处合同预算科核定，并将最终施工方案送使用部门签字确认，经处长核定后，报请主管副局长批准。

科长为项目负责人，负责监理施工（据工程的复杂程度等因素，工程管理科视情部分参与），与使用部门协调施工事项，收集确认施工资料，向主管副处长申请竣工验收。

工程结算以审计审定为准。

工程付款由合同预算科负责，付款所需提供资料按财务处规定执行。

5000元~10万元的维修改造项目工作流程

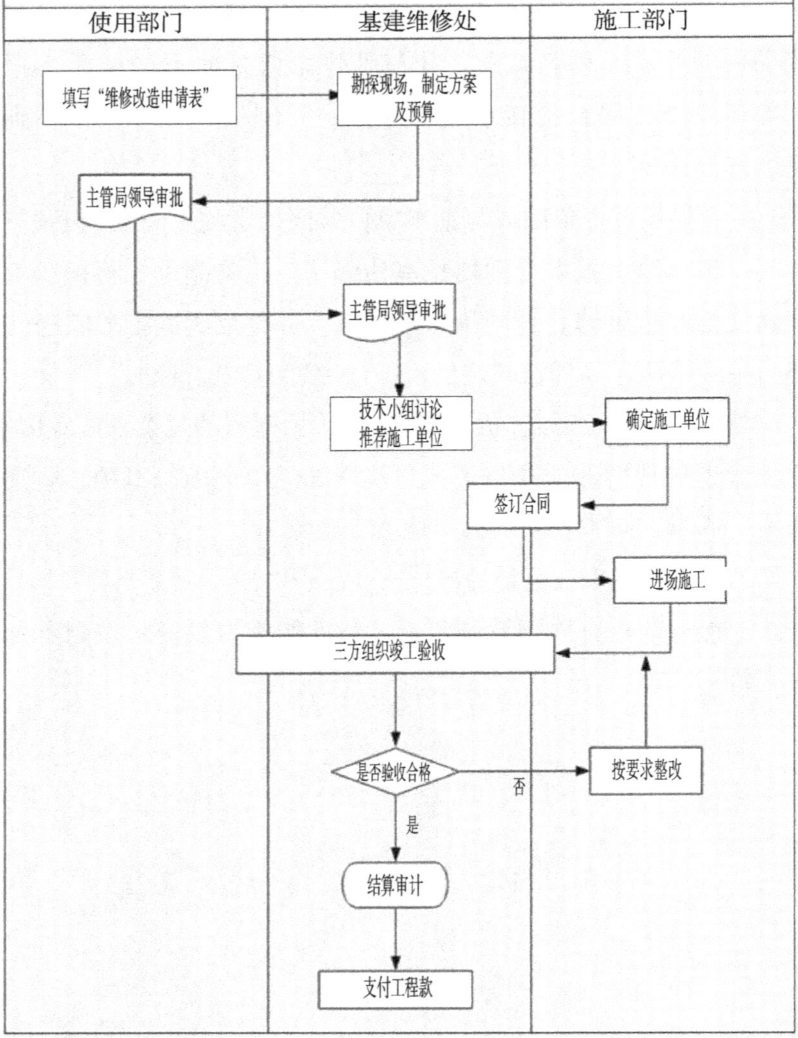

3. 维修费用在10万元以上的

项目在局内OA系统上按“维修改造申请表”流程批准后，由主管副处长安排相关科室落实。

主管副处长应协调主管科长、综合业务科、合同预算科等相关科室、使用部门负责人共同拟定施工方案、概预算、合同、请示等上报处长核准，处长核准后报请主管副局长批准。

项目所在专业科长为甲方项目负责人，负责协助与使用部门协调施工事项，收集确认施工资料，负责监理施工（据工程的复杂程度等因素，工程科部分参与，也可外聘监理）。合同造价超过120万元的，应报告体育总局审计部门进行跟踪审计，项目竣工后向主管副处长申请竣工验收。

工程结算应委托审计单位审计，依据审计报告及合同约定进行结算。

工程付款由合同预算科负责收集整理付款所需提供资料，按财务处规定执行。

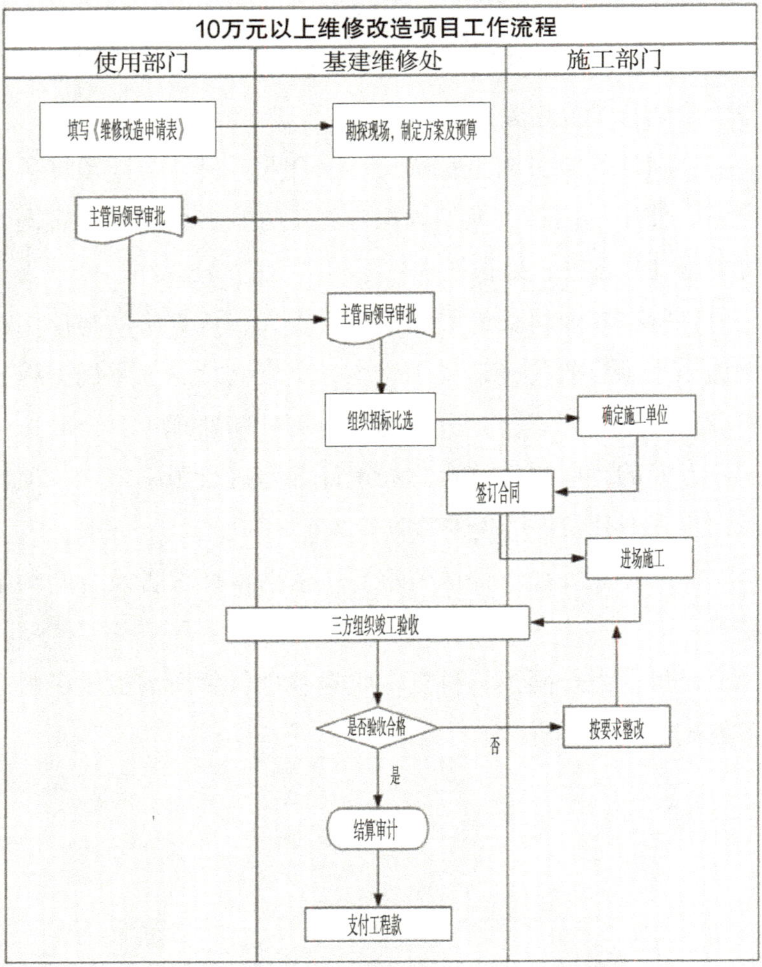

（二）基本建设及维修改造项目（使用体育总局专项资金）工作标准与工作流程

按照《国家体育总局事业单位政府投资项目管理办法》执行。

四、当前存在的主要问题及精细化管理改进措施

（一）主动服务意识不强，部分日常维修工作时效性不够

精细化管理改进措施如下。

（1）强化“主动作为”的大局意识。教育引导全处干部职工、社会化外包人员摒弃消极推诿等错误观念，主动适应作风建设新常态，自觉严守工作纪律，勇担工作责任，提高执行效率。

（2）树立“巡检、替代、抢修”的服务意识。加大对训练局设备设施的巡检力度。通过主动巡检、定期巡检，判断设施、设备性能变化，降低故障突发概率。

（3）筑牢“向制度看齐”的规矩意识。进一步完善社会化工作，特别是日常维修工作的有关管理制度。严格按制度对维修标准和时限进行检查考核，确保每项工作均在制度的约束下运行。

（二）维修改造工作流程有待优化，部分改造项目的必要性、可行性论证不够充分，致使部分资金未能有效发挥使用效益

精细化管理整改措施如下。

（1）进一步完善维修改造工作流程，将方案、预算、经费来源等内容纳入 OA 系统“维修改造申请表”审批环节，为项目决策提供充分依据，严格禁止项目“未批先建”“未验先投”。

（2）以“统筹兼顾、科学合理、节约资金”为原则，加大对项目论证环节的重视程度，杜绝维修改造项目“盲目施工”“随

意施工”“野蛮施工”，避免“大病久治、小病大治”。

（3）建立维修改造项目工作标准及事后考评制度，通过事后评价总结经验得失，进而改善项目管理和决策水平，提高投资效益。

（三）建筑资料、工程档案缺失，导致部分施工方案缺乏有效凭证、参考及依据

精细化管理整改措施如下。

（1）加强对工程技术资料的管控，设置专职人员对技术资料进行收集整理，确保资料的规范性、完整性和真实性。

（2）以单体建筑为单位分专业编制《训练局技术资料手册》，充分发挥资料对工程管理的指导作用，运用工作资料将潜在生产力转化为工程建设的直接生产力。

（四）存在惯性思维，非招标项目的施工单位选用缺乏竞争机制，未能有效发挥政府采购制度优势

精细化管理整改措施如下。

（1）按照公开、公平、公正的原则，加强对工程招标采购过程的监督并完善施工单位的选用、退出机制。利用充分竞争，使施工单位的选取在阳光下进行。

（2）成立由科长、技术干部组成的技术小组，由小组按制度对施工单位的推荐、确定进行把关，避免“一言堂”“个人说了算”等不民主现象。

（3）总结日常维修工作的成败得失，在国家法律法规框架内对日常维修托管单位进行招标。

（五）培训、调研机会较少，干部、职工学习能力、学习效率不高，专业知识储备不足

精细化管理整改措施如下。

（1）处领导带头深入一线调研，在实践调研中深化学习认识，通过解决实际问题，积极提高青年干部“理论联系实际”的能力。

（2）积极争取政策和条件支持，重点围绕专项维修改造项目及社会化管理，有针对性地对全国先进训练基地、设备厂家开展调研学习，建立知识管理新模式，掌握专业新技术。

（3）进一步关心青年干部的健康成长，分专业科学、合理地制订培训计划，确保青年干部每年至少获得1次学习深造的机会。

（六）专业技术干部队伍建设欠缺中长期规划，干部储备不足，部分岗位已出现断档现象

精细化管理整改措施如下。

（1）立足于基建维修工作规律和特点，根据基建维修处工作职责，对处内科室进行优化调整。

（2）完善人才梯队建设，科学、合理地制订中长期培养计划，统筹兼顾地做好人才引进及社会化管理工作，逐步形成年龄结构合理、专业配备完善、人人都有晋升空间的良好工作局面。

（3）继续推进社会化工作的调研和谋划，在总结已开展社会化工作经验的基础上，积极拓展社会化专业托管外包覆盖面。

（七）对本部门廉政风险宣传教育力度不足

精细化管理整改措施如下。

（1）加强部门党风廉政制度的学习、宣传和教育。定期在主题党日及处办公会开展廉政警示教育，引导干部、职工筑牢思想防线，自觉抵制不正之风，做到警钟长鸣、警惕长存。

（2）设立举报信箱，鼓励群众、职工参与监督，通过自我施压、增强动力的方式，逐步建立廉政监督长效机制。

五、实施精细化管理的工作目标和预期效果

紧紧围绕基建维修处的职能分工，围绕维修、运行、基建的基本职责，逐步建立起完善的基建维修管理制度，配备完善的人才管理队伍，促使维修工作逐步建立起保养与维修相结合、被动报修与自主巡检相结合的工作制度，提高维修工作的及时性、针对性和预见性；能源（水、电、冷、暖）运行保障有序、平稳、不间断，季节转换、过渡、接续有计划无缝隙；坚决落实基建工作智能化、环保、绿色、节能的场馆建设改造理念，贯彻落实到基建项目管理工作的各环节，确保为运动员创造和提供国内一流的训练环境，实现“场馆智能化和维修运行保障一体化”的目标。

行政处精细化管理工作报告

一、部门工作职责

行政处是负责训练局政府采购、环境保护、物资管理、房地产管理等工作的业务部门。

（1）负责宣传、贯彻、执行党和国家及上级部门有关政府采购、环境保护、物资管理、房地产管理等工作及行政后勤的政策、法规。

（2）负责制定训练局政府采购、环境保护、物资管理、房地产管理等工作的相关规章制度，并监督、检查各项规章制度的落实与执行情况。

（3）负责训练局政府采购、物资管理等工作。

（4）负责中央事业单位国有资产管理信息系统填报工作，负责训练局内固定资产的申报、登记等管理工作。

（5）负责训练局公共环境卫生、绿化、美化等环境保护的管理与监督检查工作。

（6）负责训练局房产、地产的权属管理，办公房屋的管理工作。

（7）负责训练局住房制度改革的事务工作。

（8）负责训练局托管、自管住宅的管理工作。

（9）负责训练局地下空间、集体宿舍的管理工作。

（10）负责赞助物资的分配、使用、处理等工作。

（11）负责与地方街道办事处的联系，做好地方安排的社会性公益活动，处理有关事宜。

（12）负责爱国卫生运动委员会的管理工作。

（13）承办领导交办的其他工作。

二、岗位设置与岗位职责

（一）岗位设置

行政处设置行政处处长 1 人，副处长 1 人，综合管理科科长 1 人，物资采购科科长 1 人，固定资产管理科科长 1 人，管理员、保管员和保洁员若干人。

（二）岗位职责

1. 行政处处长岗位职责

（1）负责训练局办公设备和办公用品的归口政府采购，局内办公用房的管理和调配，劳保卫生用品的配发工作。

（2）负责训练局房产、地产权属管理以及住房制度改革的日常事务工作。

（3）负责训练局办公环境的综合治理、绿化、卫生工作。

（4）负责本部门的业务和行政管理工作，制订工作计划和各项规章制度并监督执行。

（5）负责本部门职工的管理教育、业务学习，提出使用和奖惩建议。

（6）管理本部门的经费、设备和物资。

（7）完成领导交办的其他工作。

2. 行政处副处长岗位职责

（1）在正职的领导下，协助开展本部门工作，做好分管业务。

（2）完成领导交办的其他业务。

3. 综合管理科科长岗位职责

（1）负责训练局院内环境、卫生、门前三包工作的监督和检查工作。

（2）负责训练局垃圾的日常管理工作。

（3）负责训练局东、西院内的绿化管理工作。

（4）负责训练局灭鼠、灭蟑、灭蝇的消杀工作。

（5）负责与街道、园林绿化、环卫等有关单位的联系工作。

（6）负责训练局绿化委员会、爱国卫生运动委员会的日常工作。

（7）完成领导交办的其他工作。

4. 物资采购科科长岗位职责

（1）负责训练局办公设备用品、专项器材、办公家具等政府采购的审核、报批、组织采购事宜；负责劳保用品、卫生用具、易耗物资用品的采购、发放等管理工作。

（2）负责训练局赞助物品发放工作。

（3）负责仓库管理工作，物资材料的入库、出库、登记造册、记账工作。

（4）完成领导交办的其他工作。

5. 固定资产管理科科长工作职责

（1）负责训练局房地产权属管理、办理并管理房地产所有权证书。

（2）负责住宅管理，对训练局产权房、地下空间进行安全巡视。

（3）负责收缴住宅房租、供暖费等相关费用和训练局代供暖单位的供暖费。

（4）负责落实房改工作。

（5）负责公共建筑管理、人防工程管理、集体宿舍管理等工作。

（6）负责固定资产管理工作。

（7）完成领导交办的其他工作。

三、工作标准与工作流程

（一）采购计划与采购方式选择管理

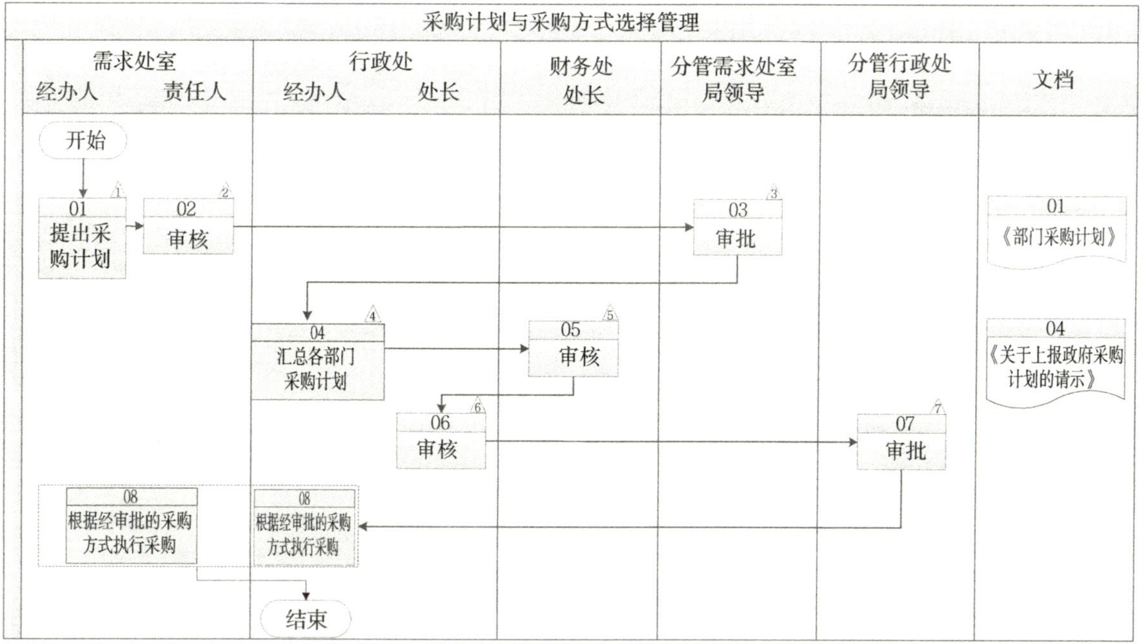

（二）采购验收管理

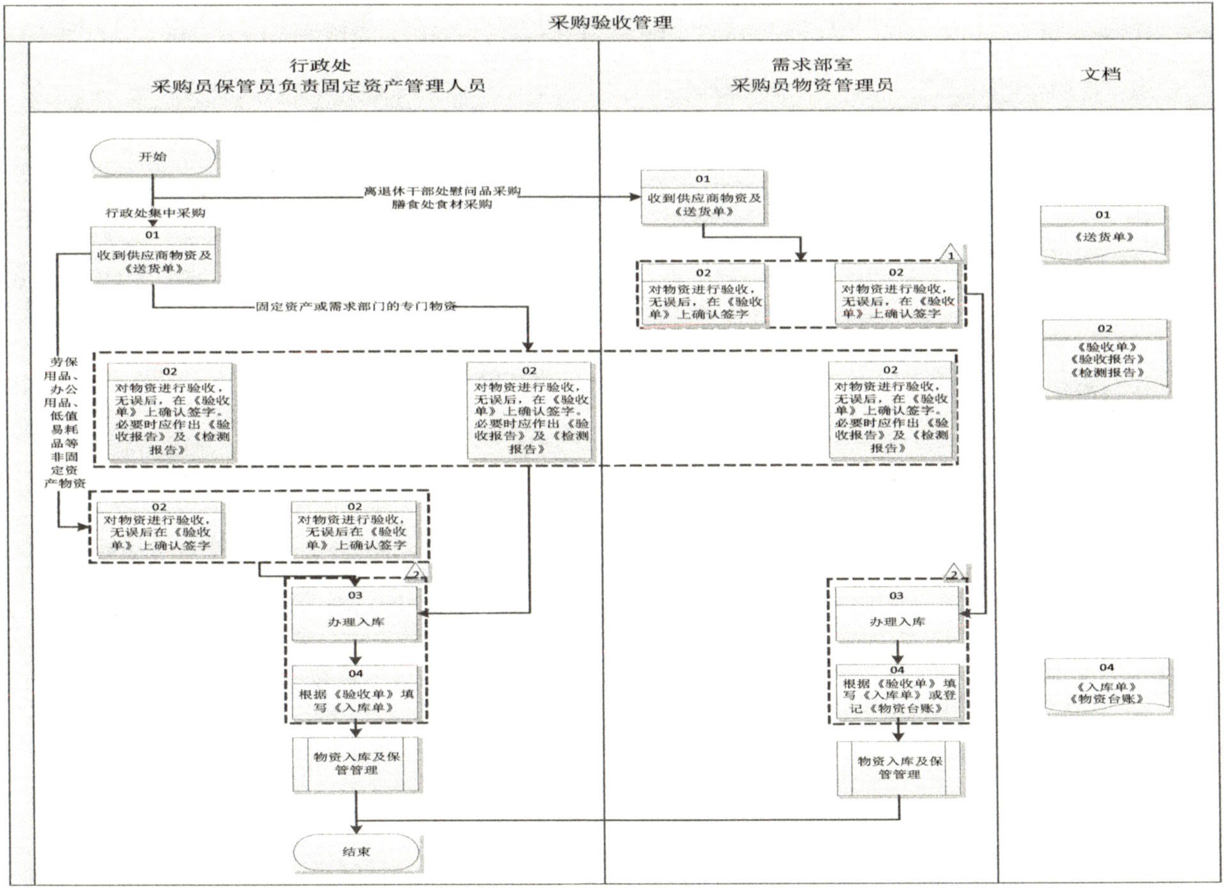
采购验收管理
行政处
采购员保管员负责固定资产管理人员
需求部室
采购员物资管理员
文档
开始
行政处集中采购
离退休干部处慰问品采购
膳食处食材采购
01
收到供应商物资及《送货单》
固定资产或需求部门的专门物资
劳保用品、办公用品、低值易耗品等非固定资产物资
02
对物资进行验收，无误后，在《验收单》上确认签字。必要时应作出《验收报告》及《检测报告》
02
对物资进行验收，无误后在《验收单》上确认签字
02
对物资进行验收，无误后，在《验收单》上确认签字
1
2
03
办理入库
04
根据《验收单》填写《入库单》
04
根据《验收单》填写《入库单》或登记《物资台账》
物资入库及保管管理
结束
01
《送货单》
02
《验收单》
《验收报告》
《检测报告》
04
《入库单》
《物资台账》

（三）资产处置管理

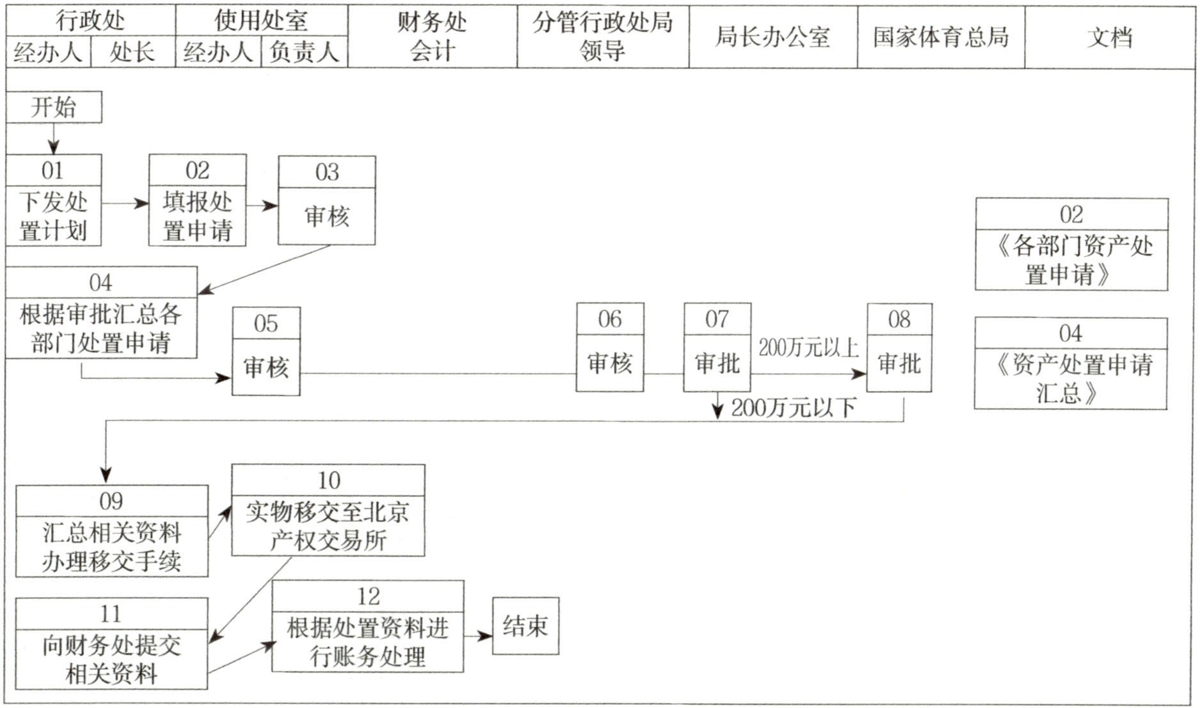
行政处
经办人
处长
使用处室
经办人
负责人
财务处会计
分管行政处局领导
局长办公室
国家体育总局
文档
开始
01 下发处置计划
02 填报处置申请
03 审核
04 根据审批汇总各部门处置申请
05 审核
06 审核
07 审批
200万元以上
200万元以下
08 审批
02 《各部门资产处置申请》
04 《资产处置申请汇总》
09 汇总相关资料办理移交手续
10 实物移交至北京产权交易所
11 向财务处提交相关资料
12 根据处置资料进行账务处理
结束

四、当前工作中存在的能够通过精细化管理解决的问题与困难

（一）采购工作方面

目前，局内采购工作在实际操作上与《训练局物资采购管理办法》有些不相符的地方，产生采购程序不清晰、时效性不强等结果。

（二）固定资产管理方面

（1）训练局产权住宅楼维修、维护工作流程没有捋顺，造成局产权住宅楼的维修工作不及时，给住户带来了困扰。

（2）各部门待报废资产的保管问题，特别是基建处和场馆处的大型设备避免在交接给北京产权交易所之前因保管不善发生资产流失的情况。

（3）各部门日常管理中对资产的信息维护需要加强，特别是资产发生变动时，及时完善更新资产信息，避免因信息完善不及时，造成清查时出现盘亏的情况。

（4）盘亏资产的历史遗留问题还没有完全暴露出来，要做好继续排查历史问题的准备。

（三）卫生工作与垃圾分类方面

强制垃圾分类工作要求越来越严格，训练局生活垃圾清运工作压力不断增大。训练局已于 2017 年制订了《训练局生活垃圾强

制分类工作实施方案》，但实施力度还不够，装修、施工废料、包装箱等杂物乱堆乱放的现象还存在。另外，餐厨垃圾现在由北京市环卫集团统一清运，工作环节有待进一步简化。

五、精细化管理新举措

行政处正在通过修订《训练局物资采购管理办法》《训练局固定资产管理办法》《训练局生活垃圾强制分类工作实施方案》来解决以上工作中出现的具体问题，同时制定《训练局局产权住宅楼维修工作办法》来规范训练局产权住宅楼的公共维修工作的流程和维修基金的具体使用。

六、实施精细化管理后的工作目标和预期效果

通过修订行政处相关工作制度，实现精细化管理后，预期实现物资采购流程顺畅，能够做到采购工作及时、到位、准确。固定资产工作方面，通过修订制度，加强日常管理和监督，减少因工作流程不清晰造成的资产盘亏现象的发生，逐步排查历史遗留问题中的盘亏和资产信息不详的情况。房管工作方面，由于工作流程不明晰导致的训练局产权住宅楼公共维修部分不顺畅，通过精细化管理后，达到流程清晰、职责明确、沟通顺畅的效果。卫生和垃圾分类工作方面，通过精细化管理，使训练局职工、运动员、教练及社会人员提高环保意识，能够正确投放不同类型垃圾。各部门各尽其责、通力配合，营造一个良好的局内环境。

事业发展处精细化管理工作报告

一、部门工作职责

事业发展处是负责训练局产业开发及管理工作的综合部门。

（1）负责宣传、贯彻、执行党和国家及上级部门关于经济、体育产业的政策、法规。

（2）负责制订训练局产业开发工作计划、指标任务、规章制度，以及考核、奖励办法。

（3）负责训练局体育产业开发工作，确保体育产业开发指标的落实和完成。

（4）负责训练局产业开发合同、协议的审核、报批和管理工作，监督、检查合同、协议的执行情况。

（5）负责处理好与工商、税务等政府部门的关系及经济纠纷、诉讼事宜。

（6）负责编制训练局产业开发相关报表，为局领导决策提供依据。

（7）负责本部门合同台账、固定资产日常管理工作。

（8）承办领导交办的经营事项及其他工作。

二、岗位设置与岗位职责

（一）岗位设置

事业发展处设置事业发展处处长 1 人，副处长 1 人，综合科科长 1 人，租赁部科长 1 人，开发部科长 1 人，客房部科长 1 人，健身中心（运营部）科长 1 人，网球俱乐部（运动员俱乐部）科长 1 人，主管、办事员、业务员、教练、值班员、销售员和接待员若干人。

（二）岗位职责

1. 事业发展处处长岗位职责

（1）协助训练局领导对训练局范围内创收活动实行宏观管理、监督、检查、指导和服务工作。

（2）负责做好训练局创收规划、开发计划、经济合同、创收指标、考核等项工作。

（3）负责本部门的业务和行政管理工作，制订工作计划和各项规章制度并监督执行，完成训练局下达的经济指标和经营创收任务。

（4）负责本部门职工的管理教育、业务学习，提出使用和奖惩建议。

（5）管理本部门经费、设备和物资。

（6）完成上级领导交办的其他工作。

2. 事业发展处副处长岗位职责

（1）在正职的领导下，协助开展本部门工作，做好分管业务。

（2）完成上级领导交办的其他业务。

3. 综合科科长岗位职责

（1）负责事业发展处日常行政管理工作。

（2）负责拟订训练局经营创收及处室日常管理相关制度与规范。

（3）负责事业发展处工作计划、总结、会议纪要等各类公文的草拟工作。

（4）负责沟通、协调训练局职能处室，下达并执行有关通知。

（5）负责经营创收指标及支出成本的核算、统计工作。

（6）负责事业发展处、体联公司各类印章、营业执照等使用与管理工作。

（7）负责事业处各类考察、会议、活动的安排协调和服务工作。

（8）负责事业发展处党建、工会等日常行政事务。

（9）完成领导交办的其他工作。

4. 租赁部科长岗位职责

（1）负责训练局空置房产的经营开发与管理工作。

（2）负责制定训练局对外出租房屋相关管理制度。

（3）负责部门年度经营计划、总结的拟订工作。

（4）负责房屋租赁合同的起草、审核和档案管理工作。

（5）负责协调训练局相关部门对出租房屋的服务保障工作。

（6）负责出租房屋的安全监督、检查工作。

（7）负责为承租单位出具工商、税务等相关业务的证明材料。

（8）配合工商、税务、街道办事处等政府职能部门开展有关工作。

（9）完成领导交办的其他工作。

5. 开发部科长岗位职责

（1）负责训练局无形资产开发与管理工作。

（2）负责制定训练局无形资产开发与中介管理相关制度规范。

（3）负责部门年度经营计划、总结的拟定工作。

（4）负责训练局无形资产开发新项目的拓展与实施工作。

（5）负责协调训练局相关部门开展企业客服与回馈活动。

（6）负责训练局赞助合同的起草、审核与档案管理工作。

（7）负责训练局赞助合同台账的统计与合同执行督导工作。

（8）完成上级领导交办的其他工作。

6. 客房部科长岗位职责

（1）负责南公寓 A、B 栋的经营开发与管理工作。

（2）负责制定客房部相关管理制度与规定。

（3）负责部门年度经营计划、总结的拟订工作。

（4）负责客房租赁合同的起草、审核和档案管理工作。

（5）负责协调局相关处室完成客房各项服务保障工作。

（6）负责南公寓 A、B 栋的安全监督、检查工作。

（7）完成领导交办的其他工作。

7. 健身中心（运营部）科长岗位职责

（1）负责健身中心的经营开发与管理工作。

（2）负责协调局相关部门对赞助商履约并做好服务保障工作。

（3）负责新盈利模式及产业的开发和执行工作。

（4）负责制定部门相关管理制度及规范。

（5）负责部门年度经营计划总结的拟订工作。

（6）负责所管房屋、场地和设备的安全监督、检查工作。

（7）完成领导交办的其他工作。

8. 网球俱乐部（运动员俱乐部）科长岗位职责

（1）负责两院 3 个网球场及西院地下多功能厅场地的经营开发与管理工作。

（2）负责制定部门相关管理制度与规定。

（3）负责部门年度经营计划、总结的拟订工作。

（4）负责协调相关部门做好会员客服、赛事活动的服务保障工作。

（5）负责所管房屋、场地和设备的安全监督检查工作。

（6）完成领导交办的其他工作。

三、工作标准与工作流程

（一）租赁合同审批流程

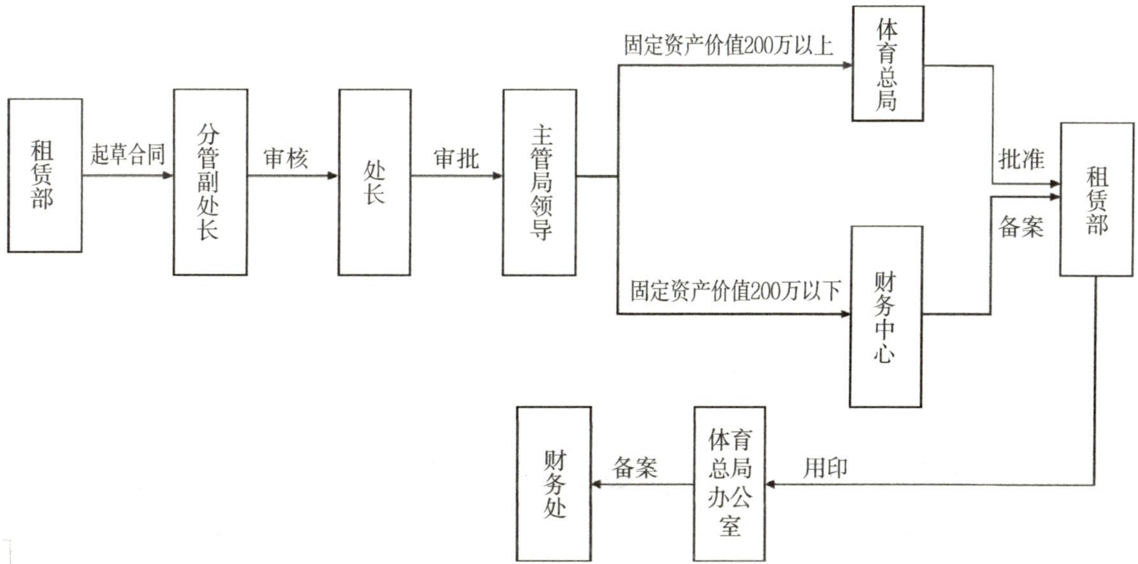

（二）房屋租赁流程

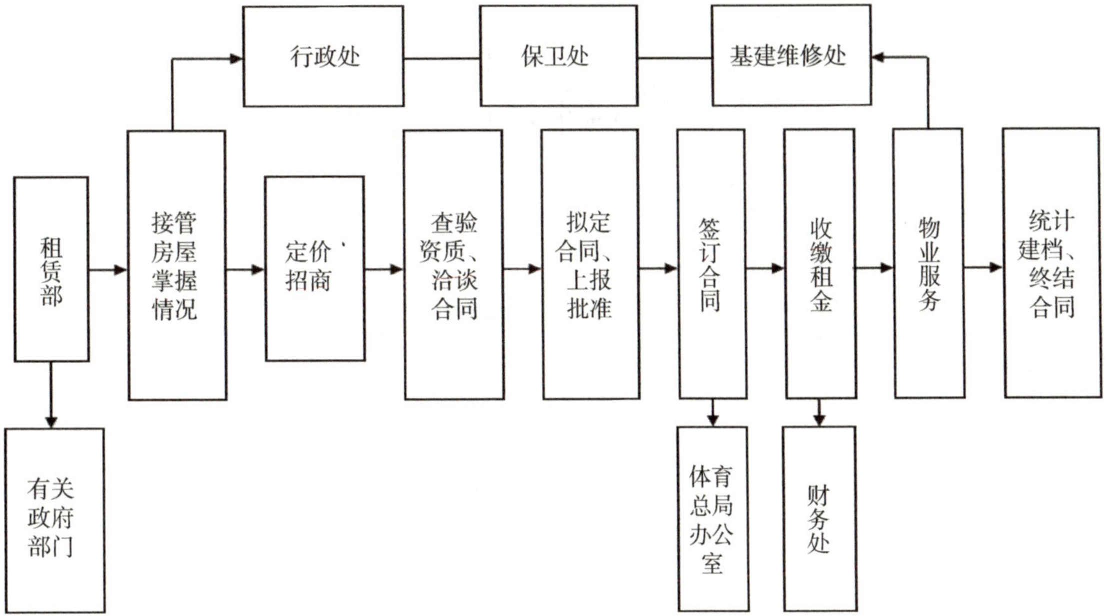
行政处
保卫处
基建维修处
租赁部
接管房屋掌握情况
定价、招商
查验资质、洽谈合同
拟定合同、上报批准
签订合同
收缴租金
物业服务
统计建档、终结合同
有关政府部门
体育总局办公室
财务处

（三）无形资产开发洽谈流程

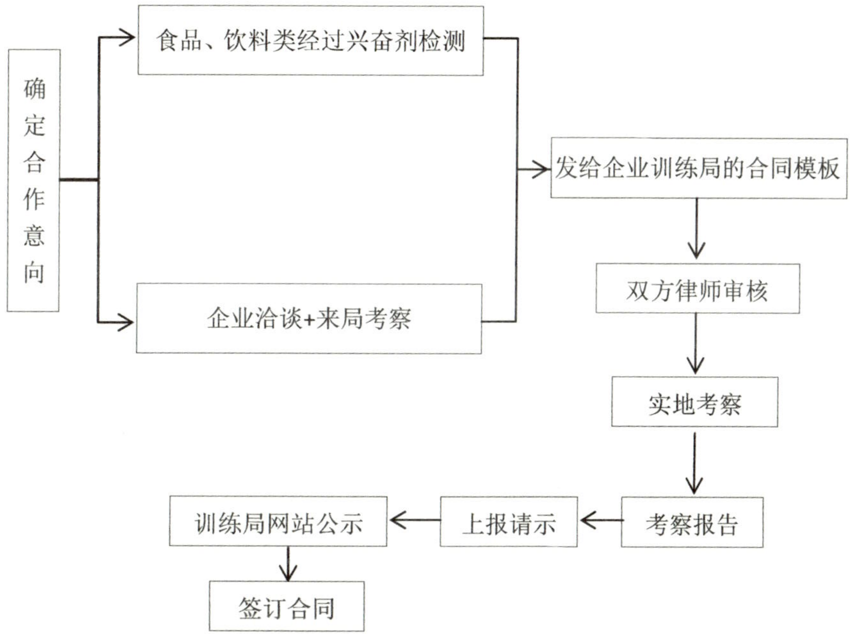

（四）赞助商合作执行流程

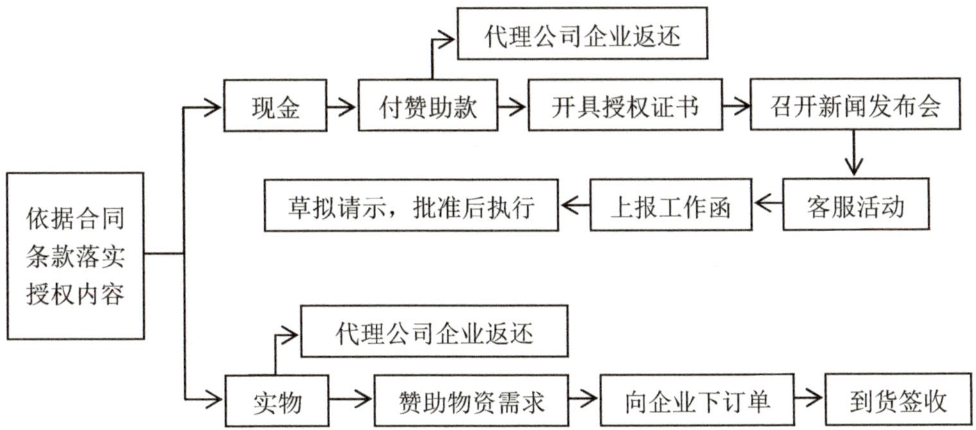
依据合同条款落实授权内容
现金
付赞助款
代理公司企业返还
开具授权证书
召开新闻发布会
客服活动
上报工作函
草拟请示，批准后执行
实物
代理公司企业返还
赞助物资需求
向企业下订单
到货签收

四、当前工作中存在的能够通过精细化管理解决的问题

现阶段工作存在的主要问题为服务保障工作标准不高，主要体现在以下方面。

（1）近 20 年，南公寓未进行装修改造，其设施陈旧，损坏严重，已无法满足奥运备战保障工作需要。

（2）以运动队合理诉求为中心，员工服务保障意识有待提高。

（3）部门相关制度建设及工作流程有待完善。

五、精细化管理新举措

（一）场馆与会务方面

1. 运动队服务保障

运动员俱乐部所辖羽毛球馆改造升级并交付国家羽毛球队作为日常训练使用，西院网球馆也承接了国家跳水队的早操保障任务。

（1）优化服务意识，强化服务标准。事业发展处进一步明确了运动队对场地卫生的标准及训练设施的需求，要求无论国家队有无训练，员工每日固定两次对场地进行保洁。如遇国家队训练，训练结束即刻保洁。对照明、地胶、球柱球网等训练保障设施定时巡护，如有损坏，及时联系相关厂家维修更换。此外，为保证运动队按时出早操，要求员工做到早沟通、常沟通，提前询问训练安排，尽早安排专人早上到场准备，积极为运动员、教练提供

切实需要的服务内容。

（2）优化业务流程，责任到人。依据上半年相关责任事件的整改要求，吸取经验教训，设立多功能厅会议专项记录簿，与运动队综合服务处无缝对接。接听电话的员工需在相关记录后署名，做到责任到人。督促部门员工端正工作态度，并根据本岗位工作要求养成良好工作习惯，每日到岗必做的第一件事是查看部门通用的工作记录，最大限度地减少俱乐部轮班工作制的弊端。

2. 全民健身优质服务

事业发展处本着“面向社会、面向会员”的宗旨，一直不断地寻求提高服务意识、服务能力的举措。各部门会定期征求会员相关合理化建议，并酌情落实和回访。通过更加精确的工作流程、规章制度和监督体制，不断完善和细化全民健身服务体系。

（1）及时调整业务，妥善安置会员。2018 年 9 月，与中国羽毛球协会签订场地长租协议前，俱乐部羽毛球馆的经营服务对象主要为参与全民健身的社会人员。中国羽毛球协会租用后，俱乐部主要利用国家队训练闲时安排部分遗留会员，避免相关经济纠纷。截至 2019 年 6 月，2018 年 9 月以前的会员溢缴款项已基本消化。2019 年 10 月起，俱乐部拟在保障国家队日常训练需求的前提下，开放时部分优质客户可租羽毛球场地。同时，对相关收费价格进行修改，并提前张贴公示。

此外，健身中心也根据即将改造的现状，及时调整了卡种模式，用最灵活、最实惠的月卡替代之前的年卡和次卡。这样，对内可降低对创收工作的影响，对外可更好地吸纳打工族、学生族、出差族等客户群体，真正实现了扩大全民健身队伍的目的，让更多的人感受到良好的健身氛围。

（2）积极落实客户反馈。健身中心根据会员反馈改造了浴室、更衣室的内环境，使浴室、更衣室空间变得更加宽敞明亮、干净整洁；同时更换了更加方便、智能的电子储物柜，得到了会员的认可和表扬。此外，通过与珍奥公司不断沟通，更换了新型公用饮水机及滤芯，并通过员工培训，学习加快滤芯更换频率、外加自吸泵等加压设施的办法，实现了员工自主维护，最大限度地满足了会员饮水需求。这一举措已经取得显著成效，得到了会员的理解和支持。

（3）推进体育文化建设，营造专业化全民健身氛围。各场馆通过在前台、会员休息区、走廊、更衣室等公共区域张贴服务标语、全民健身宣传海报、健身指导知识专栏等形式普及群众体育健身文化，营造科学的全民健身氛围。此外，在全民健身日、各俱乐部赛事等活动中，通过定期开展会员体质监测、健身技能宣讲等专业指导，将训练局的冠军文化和经营理念相结合，进一步传递科学健身、健康生活的理念，实现了会员增值服务。

（二）房屋出租方面

各部门确保做到兼顾管理责任与服务义务。做到及时向客户传达保卫处等局内相关部门的通知事项，督促客户做好控烟、防火、防盗等相关安防工作，一旦发现安全隐患，记录在案，立整立改；确保本部门所辖训练局不动产不受破坏及损失；协助客户报送日常维修申请并跟进相关办理进度；日常巡查过程中了解承租单位及个人的合理需求，做到及时协调处理。

（三）赞助物资保障

借助东京夏季奥运会及2022年北京冬季奥运会的影响力，利用市场优势，找准需求导向，做好运动员备战保障工作及赞助商开发、服务工作。

1. 以驻训运动队伍的需求为导向，不断完善赞助品类，助力运动队后勤服务保障

根据训练局内运动队保障需求，积极发挥部门优势，努力与国内外知名企业及品牌合作，不断提升训练局无形资产品牌价值，利用一切资源完善赞助商品体系。目前，训练局赞助品已包含食品、营养保健品、日用品、康复器材等。

2. 积极做好与赞助企业客服回馈活动

开发部以全心全意为客户服务为指导思想，努力开拓、创新服务模式和内容，提升工作效率，努力增加客户黏性和客户满意度，力求达到企业和训练局品牌的共同发展。

（1）协同场馆处等相关处室，拍摄赞助产品的使用情况，汇总后及时反馈给企业，努力增加客户黏性。

（2）设身处地为赞助企业考虑，积极沟通局内各部门，协调处理新闻发布会、赞助企业参观等客服活动，回馈合作伙伴。

（3）逢年过节向企业人员发送祝福信息，在欢度佳节的同时，表达训练局对企业多年来支持体育事业的感谢。

（4）尝试开发以训练局品牌为核心、具有无形资产附加值的衍生品，提供衍生品设计思路，设计祝福贺卡，打造训练局自有品牌。

六、精细化管理目标

（一）加强组织建设，提高业务专业技能

加强组织建设，完善人才培养。积极鼓励各岗位员工进行职业教育和培训，分步、分层次组织实施。精选培训内容，采取灵活形式，结合服务、销售、教练等工种性质，围绕礼仪、服务、营销、体能训练等内容，增强培训的针对性，使员工熟练掌握本岗位应知应会、必知必会的内容，提高员工规范业务行为的水平。

此外，不仅要“请进来”进行培训，更要“走出去”学习同行业的先进管理理念，参观取经，坚持与各业务单位进行磋商和沟通，对自身的服务质量不断提出高标准，强化员工优质服务的意识和能力，找差距，促提高。

（二）规范服务标准，建立客户维护体系

在提高员工综合素质、服务保障意识上，强化规范管理，不断完善各部门相关业务管理守则及规章流程，从严从细，强化服务标准、提升服务水平。

此外，建立客户维护体系。第一，建立会员信息档案，做好基础信息统计，加强健身人群、培训人数等数据统计和分析，实

现定期意见反馈，动态调整经营策略和服务方式。第二，采用适时的健身方案，提供私人定制化的健身服务，提高客户体验度。第三，推广科学的理念。开展人性化的健身服务，主动服务会员，从销售到教练始终贯穿会员的整个锻炼周期。

（三）强化风险防控，确保经营活动安全、有序开展

以高度的政治责任意识提高防范各类风险的能力。通过建立突发事件应急预案，制订大型活动风险控制管理预案，组织事故演练，开展安全隐患排查治理行动等有力举措，提高员工的事故防范意识和事故救援与处置能力，确保经营活动的安全、有序开展。